Stöppel · Freizeitführer 971

Gerhard Eckert

# Hamburg

## und Umgebung

STÖPPEL
VERLAG

# Tourenübersicht

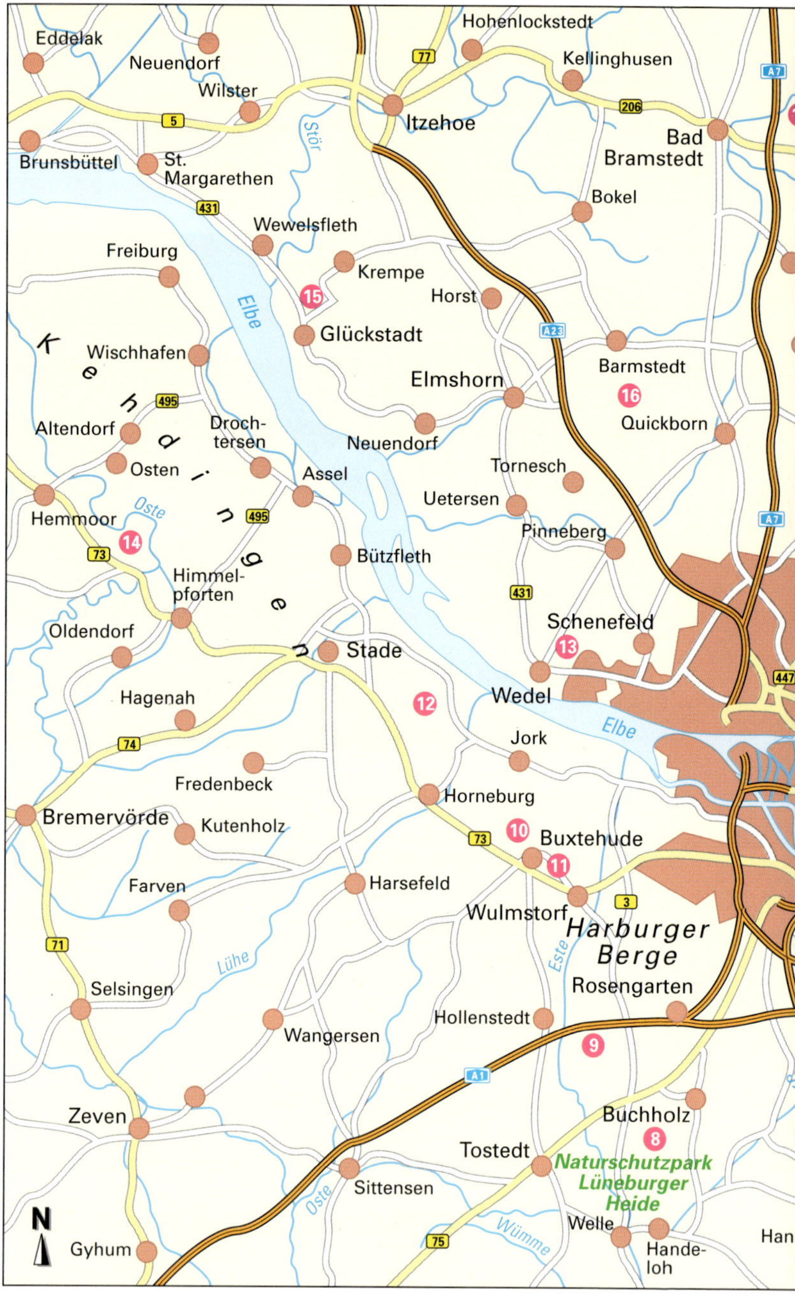

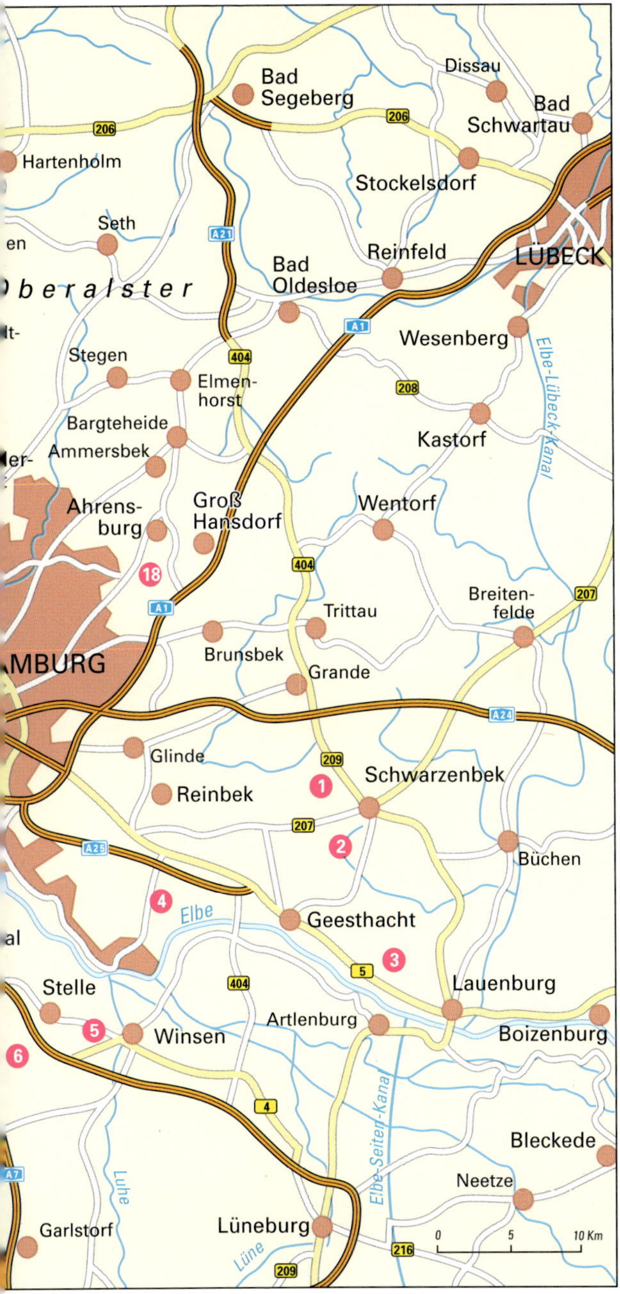

Bad Segeberg
Dissau
Bad Schwartau
206
Hartenholm
Stockelsdorf
Seth
en
A21
Bad Oldesloe
Reinfeld
LÜBECK
beralster
A1
Wesenberg
Elbe-Lübeck-Kanal
lt-
Stegen
404
Elmenhorst
208
Bargteheide
Kastorf
Ammersbek
er-
Ahrensburg
Groß Hansdorf
Wentorf
18
404
Breitenfelde
207
Trittau
A1
Brunsbek
MBURG
Grande
A24
Glinde
209
Schwarzenbek
1
Reinbek
207
2
Büchen
A25
4
Elbe
Geesthacht
al
3
5
Stelle
404
Lauenburg
Artlenburg
5
Winsen
Boizenburg
6
4
Elbe-Seiten-Kanal
Bleckede
A7
Luhe
Neetze
Garlstorf
Lüneburg
Lüne
209
216
0
5
10 Km

Trotz größter Sorgfalt bei Recherche und Zusammenstellung der Touren in diesem Buch können Autor und Verlag keine Gewähr für die Richtigkeit der Angaben übernehmen.

In jedem Fall freuen wir uns über Korrekturen, Anregungen und Verbesserungsvorschläge zu diesem Buch.

**Bildnachweis:**
Amt Rantzau/Arne Zentner (S.103); Stadt Ahrensburg (S. 115); Stiftung Kunststätte Bossard, Fok (S. 51); Anneliese Eckert, Kükelühn (alle übrigen Fotos).

Titelfoto:
Theaterschiff „Batavia" in Wedel (A. Eckert, Kükelühn)


www.infodirekt.de/stoeppel

Redaktion: Horst-Hennek Rohlfs, Herrsching
Karten: Computerkartographie Carrle, München
DTP: R. Stöppel, Weilheim; H.-H. Rohlfs, Herrsching
Herstellung: Das Grüne Atelier, Holzkirchen
Lithos: Lorenz & Zeller, Inning a.A.
Druck: EOS, St. Ottilien
Printed in Germany

ISBN 3-89306-071-5

# Inhalt



**Die Touren**

Zwei Räder oder vier Beine:
Wer ist schneller - Radfahrer oder Reiter?

# Wo Hamburger gut radeln können

Lassen Sie sich zu 18 Entdeckungstouren einladen! Mit dem Rad erreichen Sie aus Hamburg (wo immer Sie auch in der Stadt wohnen) vielerlei empfehlenswerte Ziele. Dabei werden Sie bald feststellen, daß Sie von Hamburgs Umgebung, von Dörfern und Städten, von Landschaften und Sehenswürdigkeiten bisher viel zu wenig kannten. Das sollten Sie für sich und Ihre Familie nachholen. Denn Radfahren heißt, im weiteren Umkreis einer Großstadt eine neue Welt entdecken.

Was da alles zu finden ist, verrät Ihnen schon ein Blick ins Inhaltsverzeichnis. Sie erfahren dabei, wo Sie neben einer ausführlichen Beschreibung jeder Tour allerlei Wissenswertes überdie Orte lesen können, von denen aus Sie sich aufs Rad schwingen. Es wird Sie überraschen, was für Städte Ihnen rings um Hamburg begegnen, von denen jede ihre eigene Note, ihre Besonderheit hat, auch wenn es nicht immer ein leibhaftiger „Roland" wie in Wedel und Bad Bramstedt ist. Hätten Sie vermutet, daß in Winsen ein langjähriger Freund Goethes geboren wurde? Oder wußten Sie, wo nur wenig mehr als 40 km von Hamburg die russische Zarin Katharina eine (auch nach ihr benannte) Kirche erbauen ließ?

Das sind nur zwei der Höhepunkte (heute sagt man gern „highlights" dazu), die an Ihrem Weg liegen werden.

Radeln Sie einfach hin!

## Symbolerklärung

| | |
|---|---|
| km | Streckenlänge, Dauer der Tour |
| START | Startpunkt |
| | Streckeninformationen, Besondere Hinweise |
| | Einkehrmöglichkeiten |
| | Bademöglichkeiten, Seen, öffentliche Bäder |
| | Öffnungszeiten |
| i | Informationsstellen |

## Kartenlegende

| | | | |
|---|---|---|---|
| ★ | Sehenswürdigkeit | P R | Parkplatz, Rastplatz |
| | Kirche, Kapelle | | Spielplatz |
| | Burg, Schloß | Bf | Bahnhof |
| | Ruine | U S | U-Bahn / S-Bahn |
| | Turm, Mahnmal | | Mountainbike |
| M | Museum<br>Freilichtmuseum | J | Jugendherberge, Camping |
| | Freibad, Hallenbad | F | Freizeitpark |
| | Gasthaus, Biergarten | | Aussichtspunkt |
| ND | Naturdenkmal | | Wegkreuz, Marterl |
| | Windmühle, Wassermühle | | Grabhügel |

Tourenverlauf:

# Heimat vor dem Tor

Von Hamburg als dem „Tor zur Welt“ ist immer wieder gesprochen worden. Sicher spielt es diese Rolle für jeden, den es in die Weite zieht. Aber wer seßhafter ist und sich im Alltag auf eine Radtour beschränkt, für den führt der Weg aus Hamburg in die umliegende Heimat mit ihren vielen interessanten Dingen. Als Tor zur Heimat öffnet sich uns die Hansestadt nach draußen.

Auch und gerade mit dem Fahrrad! Ja, gerade aus einer Großstadt mit zwischen ein und zwei Millionen Menschen (exakt 1,7 Millionen) zieht es uns unwiderstehlich in ein Umland, das gegenüber der städtischen Hektik mit seiner Natur und seiner Besinnlichkeit lockt. Hamburg umfaßt nicht allein die geschäftige City, sondern auch Vororte und benachbarte Dörfer, Wald und Flur. In allen Himmelsrichtungen sorgen die umliegenden Landstriche für einen gesunden Ausgleich zwischen der betriebsamen Arbeitswelt der Großstadt und der entspannenden Freizeit im Grünen.

Wenn wir - wo immer wir in Hamburg wohnen - unser Fahrrad besteigen, erobern wir uns eine neue Welt, passieren wir unser „Tor zur Heimat“. Sie hat jenseits der Stadtgrenzen verschiedene Namen: Schleswig-Holstein oder Niedersachsen mit Landschaften wie Elbufer oder Lüneburger Heide, mit Sachsenwald oder Altem Land, Harburger Bergen oder fruchtbaren Marschen.

Vielleicht machen wir uns viel zu selten deutlich, wieviel Abwechslungsreiches und Gegensätzliches sich ringsum an unsere stattliche Stadt anschließt. Das alles macht zusammen mit unserem Wohnbezirk unsere hanseatische Heimat aus!

Dafür mag sich jeder für die Startrampe entscheiden, die für ihn am günstigsten ist: einen nahen Bahnhof, das mit dem Wagen an einen geeigneten Ausgangspunkt transportierte Zweirad oder auch, indem wir schon von unserem Zuhause stracks ins Freie radeln. Wofür wir uns auch entscheiden, setzt es doch eine gewisse Planung voraus. Wir brauchen eine beschwingende Idee, wo wir unterwegs sein wollen, Straßen- und Fahrpläne und Informationen, wo und wann es was zu sehen gibt.

Wer ohne hinreichende Vorbereitung auf gut Glück losradelt, erlebt es immer wieder, daß er Termine verpaßt, am Schönsten oder Reizvollsten just vorbeifährt oder sich an einer zu langen Strecke den Radfahrappetit verdirbt und völlig erschöpft nach Hause zurückkehrt.

Hand aufs Herz: wem ist das eine oder andere aus dem großen Katalog der möglichen Pannen nicht schon einmal zugestoßen?! Es gibt leider hinreichend Möglichkeiten, sich selbst die schönste Tour zu vermiesen. Und seien es nur solche Lappalien („peanuts") wie die falschen Schuhe, die fehlende Regenhaut, vergessene Euroschecks oder Kreditkarte oder auch die nicht rechtzeitig besorgte topographische Anschlußkarte, wobei dann die Geschäfte für den Kartenkauf geschlossen sind.

Vielleicht halten Sie den Rat für überflüssig, aber er hat seit eh und je viel für sich: nicht nur eine Reise ins ferne Land, sondern auch eine Radtour in die Ländereien vor den Toren Hamburgs sollten wir mehr oder minder rechtzeitig und gründlich vorbereiten. Wer „aus der hohlen Hand" aufs Geratewohl losfährt, kann sich ganz schön „in die Nesseln setzen". Für die Parole „Rat für Rad" dient dieses Buch.

Gewiß wimmelt es rings um Hamburg, diesseits und jenseits der Elbe, von reizvollen Radwegen und vielversprechenden Zielen. Vielleicht werden Sie sogar in diesem Buch das eine oder andere vermissen.

Aber wenn Sie die von uns vorgeschlagenen Ziele anpeilen, wird Ihnen mancher Irrweg erspart bleiben, werden Sie „narrensicher" unterwegs sein und sich selbst und Ihrer Familie das Vergnügen einer erlebnisreichen, anregenden, gelungenen Radtour bereiten.

# Das sind die Glanzpunkte

### Zum Baden

Bad Bramstedt (Waldbad), Bredenbeker Teich (von Ahrensburg), Buxtehude (Freibad), Hanstedt (Waldschwimmbad), Lütjensee, Sachsenwaldbad (Wohltorf bei Aumühle), Winsen (Freibad).

### Bauten von Rang

Ahrensburg (Schloß), Rathäuser von Buxtehude, Glückstadt, Krempe, Stade, Winsen (Schloß), Lütjensee (moderne Kirche), Kirchen von Stade, Glückstadt.

### Begegnung mit Künstlern

Kunsttempel Bossard (von Hanstedt), Wedel (Barlach, Theaterschiff).

### Museen besuchen

Friedrichsruh: Bismarck-Museum, Ellerhoop (von Barmstedt), Arboretum = Baumpark, Kiekeberg: Freilichtmuseum (von Buchholz), Moisburg: histor. Papiermühle, Buxtehude: Heimatmuseum, Stade: Schwedenspeicher-Museum, Winsen: Museum St. Georg.

### An Städtebildern erfreuen

Buxtehude, Bad Bramstedt (Roland), Glückstadt, Jork, Krempe, Stade, Wedel (Roland).

### Technik bewundern

Stör-Sperrwerk (Glückstadt), Geesthacht, Osten (Schwebefähre), Wilseder Berg (Gauß- Vermessung), Wedel: Willkommhöft = Schiffsbegrüßung.

### Tieren begegnen

Schmetterlingsgärten: Friedrichsruh, Seppensen. Wildparke: Appelbecker Teich, Eekholt, Lütjensee, Schnaakenmoor (Wedel), Schwarze Berge, Babyzoo Wingst.

# Testen Sie Ihre Kenntnisse von Hamburgs Umland!

1 Welche beiden Städte weisen ein Roland-Standbild als Zeichen einstiger Marktgerichtsbarkeit auf?
2 Wo liefen Hase und Igel um die Wette, wobei der gerissene Igel den flinken Hasen übertraf?
3 In welcher Stadt steht ein hölzerner Tret-Kran aus dem Mittelalter, der mehrfach - zuletzt 1977 - erneuert werden mußte?
4 Wo ist ein sogenanntes „Arboretum" (auf deutsch: Baumpark) angelegt worden?
5 Auf zwei Touren können Sie einen Schmetterlingspark besuchen. Wo?
6 Von welcher Stadt heißt es, daß dort die Hunde mit dem Schwanz bellen und - viel schwieriger - woher das wohl kommt?
7 Gotthold Ephraim Lessing ist mit Hamburg durch seine „Hamburgische Dramaturgie" verbunden. Wo heiratete er im Alter von 47 Jahren?
8 Welcher Fluß wurde früher (und heute als touristische Attraktion) durch eine Schwebefähre überquert?
9 Was verbindet die Stadt Winsen mit Goethe?
10 Wo befindet sich und was ist der „Deutsche Olymp"?

## Auflösung der Fragen

1 Wedel, Bad Bramstedt
2 Buxtehude
3 Stade
4 bei Ellerhoop im Raum von Barmstedt
5 Friedrichsruh und Seppensen
6 Buxtehude - es war der Schwengel der Glocke
7 Jork
8 Die Oste
9 Eckermann kam von hier
10 In der Wingst, ein Aussichtsturm

## Wo Bismarck lebte: Friedrichsruh

Der Sachsenwald - auch für Radler ein Erlebnis

Ein Jahrhundert ist vergangen, seit (1898) der von Kaiser Wilhelm II. entlassene Reichskanzler Otto von Bismarck in seinem herrschaftlichen Landhaus Friedrichsruh starb. Dennoch blieb der Sachsenwald, der als kaiserliches Geschenk für die Reichsgründung 1871 in Bismarcks Besitz kam, bis heute mit ihm und seiner Familie verbunden. Wer in ihm oder seinem Umland unterwegs ist, denkt unwillkürlich an Theodor Fontanes Mahnung, hier störenden Lärm zu vermeiden, denn „hier liegt Bismarck irgendwo". Das ist mit dem **Mausoleum** von Friedrichsruh ganz wörtlich zu nehmen. Denn der seinem Nachruhm gegenüber durchaus nicht gleichgültige Alt-Reichskanzler ließ seine Begräbnisstätte in neuromanischer Würde schon ums Jahr 1890 erbauen. An der Historie kommt also auch der Sachsenwald-Radler nicht vorbei. Da ist zuerst der 70 Quadratkilometer große **Wald**, der ausgedehnteste Schleswig-Holsteins. Angesichts seiner Urwüchsigkeit schließt mancher auf eine Jahrtausende zurückliegende Entstehung. Aber das ist ein Irrtum. Wo heutzutage der Wald sich ausbreitet, herrschte bis zur Völkerwanderung reges Leben. Seit der Steinzeit lebten hier emsige Siedler, die nicht nur mit einer Vielzahl von Steingräbern und Opfersteinen, sondern auch mit Werkzeugfunden und Ackerandeutungen nachgewiesen sind. Erst ihr Abzug ließ das Land verwildern und Waldungen wachsen, die seit dem 13. Jh. als „Sachsenwald" eine Grenze zwischen germanischen und slawischen Siedlern bildeten. Hier entstanden im Lauf der Zeit (auch nach Bismarcks Tod) die Sehenswürdigkeiten und Angebote, die uns heute mit Friedrichsruh verbinden: Museum, Gastbetriebe, Wildschweingehege, Mausoleum, Schmetterlingspark, Mineralwasser und hochprozentiger Korn. Bismarcks familiäre Nachfahren erwiesen sich über ein Jahrhundert als so geschäftstüchtig, daß auch die Zerstörung von Landhaus und Museum in den letzten Kriegstagen eine neue Blüte kaum schmälerte. So bleiben Mausoleum und Museum bis heute Magneten der Bismarckverehrung. Friedrichsruh ist nun ein Ortsteil der 3.300 Einwohner zählenden Gemeinde **Aumühle**, die auch ihre originelle Geschichte hat. Schon im Jahr 1350 gab es eine „Owmole". Mit dem Niedergang der Mühlen ging ihr Name an einen Gastbetrieb, für den der Mühlenteich Anziehungskraft besaß. Hier läßt sich neben dem Einkehren auch angeln und rudern.

Der Mann, der die Siedlung Aumühle ins Leben rief, hieß Emil Specht und war in Hamburg als Immobilien- und Kaffeekaufmann erfolgreich. Er kam auf die Idee, in diesem schönen Ambiente eine Villenkolonie für Hamburger ins Leben zu rufen. Beinahe selbstverständlich, daß hier im Bannkreis Bismarcks die seinerzeit in ganz Deutschland beliebte **Bismarcksäule** nicht fehlt. Ihr quasi Ursprung entstand 1901 als Wasserturm der von Specht geschaffenen Villenkolonie Sachsenwald-Hofriede mit 30 m Höhe. Dagegen überstand die von der Deutschen Studentenschaft errichtete Bismarcksäule die Zeit. Von den vier gastlichen Stätten, die das Einkehrbedürfnis der Besucher befriedigen, sind alle im Familienbesitz der Bismarcks. Wer will, kann auch übernachten. Eine besondere Anziehungskraft üben auch Tiere aus. Da ist zuerst das **Gehege** für das im Sachsenwald heimische Schwarzwild, das Groß und Klein Freude macht. Neben dem Wildschweingatter am Mühlenteich ist der Sachsenwald wildreich mit Dachs und Damwild, Hirschen und Rehen. Allerdings sind Teile des aus Laub- und Nadelbäumen bestehenden Waldes zum Schutz des Wildes für den Besuch gesperrt. Eine weitere Attraktion des Sachsenwaldes bilden seine nahezu 1000 Zeugnisse der mittleren und jüngeren Steinzeit. Spektakulär sind die sogenannten „Riesenbetten", die mit Findlingsreihen und Erdhügeln als eine Art von **Reihengräbern** die Toten aufnahmen.

# 1

## Rund um und durch den Sachsenwald
Bismarck gehört dazu

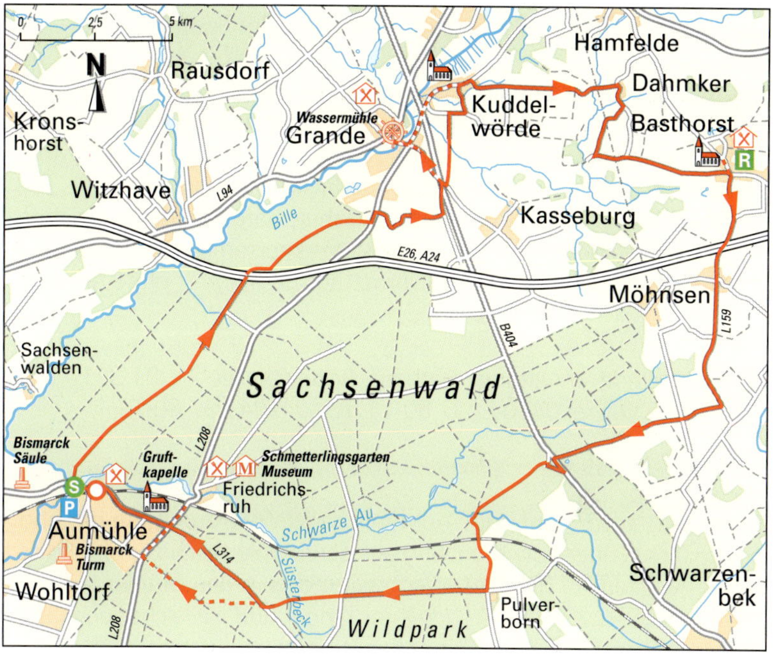


## Toureninfos

21 km

Bahnhöfe Friedrichsruh und Aumühle - Deutsche Bahn Hamburg - Aumühle und Friedrichsruh, 32 bzw. 34 km, S-Bahn Hamburg-Hbf - Aumühle.

Die Strecke verläuft ohne große Steigungen über Wege aller Beschaffenheit, darunter auch Radwege an Bundesstraßen. Kleine Steigungen sind gut zu bewältigen. Abstecher führen zu den „Riesenbetten" und anderen Zeugnissen der Vorgeschichte.

Neben den Hotels „Fürst-Bismarck-Mühle" (R: mittwochs), „Waldesruh am See" (R: dienstags), Fischerhaus (ohne R) Gaststätten in Friedrichsruh „Bismarck-Forsthaus", „Gelber Pavillon" und in Aumühle „Gaststätte am Bahnhof", „Grüner Zweig". Imbiß beim Schmetterlingsgarten. Grande: Grander Mühle, Basthorst: Gasthof Hamester.

Wohltorf bei Aumühle: Sachsenwaldbad im Tonteich

Bismarck-Museum im Sommer Mo 14 - 18, Di - S0 9 - 18. Im Winter (1.10. - 31.3.) Di - Fr 9 - 16, Sa und So 10 - 17. Gruftkapelle gleiche Öffnungszeiten wie Museum, jedoch auch Mo 9 - 18. Schmetterlingsgarten, Friedrichsruh täglich 9 - 18, geöffnet von Ostern bis Ende Oktober, Café Vanessa ganzjährig. Lokomotivschuppen des Vereins „Verkehrsamateure" und Museumsbahn, Sa und So vormittags bis abends, ohne feste Zeiten.

Gemeindeverwaltung, Rathaus, Bismarckallee 21, 21 521 Aumühle, Tel 04104 / 97 80-11, Fax 04104 / 97 80 13.

Beim Start vom S-Bahnhof Aumühle radeln wir durch die Bahnhofstraße rechts über eine Kreuzung auf den Mühlenteich zu. Er wird von der Schwarzen Au gebildet. Wenn wir rechts in den Mühlenteichweg biegen, stoßen wir - zur Freude Ihrer Kinder und vielleicht auch Ihrer - auf Aumühles erste Attraktion: das Wildschweingatter. Hier geht es mit säuischem Behagen zu. An der folgenden Straßengabelung halten wir uns rechts im Zug der Lindenallee und in den Sachsenwald hinein, der uns jetzt auf einer Länge von etwa 5 km mit seinen abwechslungsreichen Baumeindrücken begleitet. Wir achten nach Passieren der ersten Kreuzung auf die nach 2 km folgende fünffache Gabelung. An ihr entscheiden wir uns für den zweiten Weg von links (Witzhaver Viert).

Info

Die folgende **Autobahn** A 4 (Hamburg - Berlin) brauchte von ihrer Planung bis zur Verwirklichung nach dem Krieg rund 60 Jahre. Obwohl sie bereits vor dem Krieg abgesteckt worden war, erhob sich vor dem endgültigen Bau noch einmal heftiger Widerstand der Umwohner, von denen nicht wenige den Sachsenwald gefährdet sahen. Das hat sich längst als Horrorvision erwiesen. Ohne diesen Bau fehlte es heute an der engen Verknüpfung Berlins nach Westen.

Wir radeln unter der Autobahn hindurch. Im Rechtsbogen folgen wir unserer Strecke weiter, bis wir den Waldrand erreicht haben und auf die querlaufende Straße zwischen Friedrichsruh und Grande stoßen. Ihr folgen wir 200 m nach links und biegen von ihr rechts durch Dieckskamp auf Grande zu. Mit Linksorientierung und anschließend über freies Feld erreichen wir die B 404. Hier geht es (vor allem am Wochenende) lebhaft zu, sodaß wir vorsichtig sein sollten. Jetzt müssen wir uns entscheiden.

Wir können den Radweg der Bundesstraße nach links in Richtung Grande fahren und dem spitzwinkligen Abzweig nach Kuddewörde folgen. Dazu biegen wir zunächst am Querweg rechts und von ihm links zur Ortsmitte. Als Alternative bietet sich an, für einen knappen Kilometer den Radweg neben der B 404 zu wählen, um so zur Grander Wassermühle zu kommen.

Info

**Wassermühle:** Sie hat sich nach dem Ende des Mühlenbetriebes zum beliebten Hotel und Restaurant gemausert. Das mächtige Wasserrad erinnert an die Vergangenheit. Auch ein Brand, nach dem der Gastbetrieb restauriert wurde, konnte ihr nichts anhaben. Betrieben wurde die Mühle vom Flüßchen Bille, das vom Koberger Moor hier vorbei über Reinbek zur Elbe fließt.

Jetzt folgen wir der Möllner Straße durch den Ort und rechts in Richtung Dahmker. In Kuddewörde passieren wir eine spätgotische Kirche von 1500, deren Turm allerdings neueren Datums ist. Im Zug der schmalen Teerstraße entwickelt sich ein Redder (Hecken zu beiden Seiten), an Pferdekoppeln vorbei und führt uns vor Dahmker in den Wiesenredder. In Dahmker folgen wir der als Redder laufenden Querstraße (Eichenweg) rechts zum Ortsende. Hier gabelt sich der Weg, wobei wir uns rechts dem Europäischen Fernwanderweg, den das Andreaskreuz kennzeichnet, anschließen. Auf der Querstraße leitet uns der Redder links auf Basthorst zu, das mit seiner Kirche anzieht. Eigentlich müßten wir im Ort nach rechts radeln, aber vorher gehört diese Kirche in unser Programm. Dazu halten wir uns zunächst links, im Zug der Hauptstraße und mit der Straße „An der Kirche". Das Dorfbild wirkt gefällig.

Info

**Basthorst:** Zunächst eine Feldsteinkirche, die freilich erst im vorigen Jahrhundert in neugotischem Stil entstand. An sie schließt der Friedhof an, der von ansehnlichen Eichen eingegrenzt ist. Die dickste von allen ladet mit einer halbrunden Bank zu Rast oder Picknick. Aber vorher setzen wir unsere Fahrt noch zum nahen Gut fort, das eine landschaftstypische Hofidylle mit einem Teich einschließt. Gutsherrin auf diesem Besitz ist als Ehefrau des Besitzers die Sängerin Vicky Leandros. Basthorst weist aber rechts von der Gutseinfahrt noch eine andere überraschende

Info

Spezialität auf: eine Werkstatt für hochklassige Maßschuhe. Mit seiner Frau ist der Meister Benjamin Klemann hier tätig und zeigt im Schaufenster einige seiner Spitzenerzeugnisse. Sein Können verdankt er neben der üblichen Ausbildung einer vierjährigen Tätigkeit in London. Um ein Paar perfekte Maßschuhe zu verwirklichen, sind rund 20 Arbeitsstunden erforderlich. Das erklärt auch den Preis, der um DM 2.500 liegt. Da Meister Klemanns Schuhe begehrt sind, ist eine Wartezeit von einigen Monaten bis zur Lieferung nicht zu vermeiden. Wer die Prachtstücke im Schaufenster sieht, könnte schon, von den Kosten abgesehen, Freude an solchen makellos auf die Füße zugeschnittenen eleganten Schuhen gewinnen. Sicher wird manche Luxuskarosse die Werkstatt im stillen Dorf aufsuchen. Die abseitige Lage schmälert jedenfalls die Chancen für Qualität und Wertarbeit durchaus nicht.

Wenn wir zunächst zu Basthorsts Dorfmitte zurückgeradelt sind, halten wir uns hier auf Möhnsen zu. Bevor wir das Dorf erreichen, müssen wir die A 24 überqueren. In der Dorfmitte sehen wir rechts die Sachsenwaldstraße dem Waldgebiet zustreben. Aber wir orientieren uns auf der Schwarzenbeker Straße geradeaus. Sie läuft als Redder durch die Felder. Hinter einer kleinen Häusergruppe (dem Kätnerkamp) erblicken wir links eine ländliche Autowerkstatt, die auf die ehemalige Schmiede zurückgeht. Geradeaus weiter stoßen wir knapp 3 km hinter Möhnsen auf Havekost. Allerdings müssen wir kurz vor dem Ort rechts in die Querstraße in Richtung Pulverborn einbiegen. Dabei handelt es sich um einen einsamen, modern gebauten Hof, der sich auf Pferde spezialisiert hat. Um ihn zu erreichen, radeln wir wieder in den Wald und unterqueren die hier zwischen Grande und Schwarzenbek verlaufende Bundesstraße 404. Geradeaus weiter geht es in die sogenannte Dreckchaussee, die uns kurz danach über die Schwarze Au führt.

Hinter ihr überqueren wir die Bahnstrecke und haben nun gleich den Pulverborn erreicht. Hier zweigen wir nach rechts und folgen der Königsallee, mit der wir den Sachsenwald noch einmal von seiner schönsten Seite erleben. Ein Drahtzaun grenzt den links liegenden Saupark ab. Unser Schotterweg, der für Autos gesperrt ist, läuft an ihm entlang. Hier ist Waldesstille noch Wirklichkeit. Je ruhiger wir uns verhalten, um so besser sind unsere Chancen, daß sich der eine oder andere Bewohner des Wildparks zeigt. An die darin befindlichen vorzeitlichen Grabhügel kommen wir allerdings nicht heran. Wenn wir etwa drei Kilometer im Wald zurückgelegt haben, bemerken wir links das für den Wildpark zuständige Forsthaus mit seinen Gebäuden. Ein paar leichte Steigungen machen die Strecke abwechslungsreich, mit der wir hinter dem Forsthaus mit Gefälle ein zur Au strebendes Bächlein, „Süsterbek", passieren.

„Landschaftsgärtner" bei der Arbeit am Deich

Wenn wir nach einem Kilometer auf die L 314 stoßen, können wir über sie hinweg geradeaus Kurs auf Aumühle nehmen oder mit ihrem Radweg der L 314 folgen, um rascher zu den Sehenswürdigkeiten von Friedrichsruh zu kommen. Mehr als ein paar hundert Meter trennen die Spitzenpunkte des Doppelorts nicht, und von keiner ist es weit zum nächsten Bahnhof für die Rückfahrt.

**Info**

Das **Bismarck-Museum** ist aus dem Stammgut der Bismarck-Familie in Schönhausen in der Mark schon seit den zwanziger Jahren gewachsen. Aus dem dort befindlichen Museum wanderten nach und nach wichtige Stücke hierher. Nach den Kriegszerstörungen nahm Ende 1951 das frühere „Alte Landhaus" das erneuerte Museum in neun Räumen auf. Hier hängen die Gemälde, die das Bild Bismarcks lebendig erhalten haben. Aus dem durch Bomben stark mitgenommenen Schloß konnte zum Glück Bismarcks Arbeitszimmer unversehrt hierher verlegt werden. Sicher wird für begleitende Kinder der mit der Schloßgärtnerei verbundene **Schmetterlings-Garten** reizvoller sein. In zwei Freiflughallen von 600 qm können wir 60 - 80 Schmetterlingsarten aus allen Erdteilen betrachten und nach Wunsch auch fotografieren. Schaukästen zeigen das Schlüpfen der Schmetterlinge aus ihren Puppen. Soviel ist sicher: Ob wir nun die Attraktionen von Aumühle - Friedrichsruh zu Beginn oder am Ende unserer Tour besichtigen: hinreichend Zeit sollten wir uns dafür unbedingt nehmen.

**2**

# Sachsenwaldbad und Riesenbetten

## Die etwas andere Tour von Aumühle

### Toureninfos

km 23 km

START S-Bahnhof Aumühle, siehe auch Tour 1

Da die Tour nicht allzu lang ist, läßt sie sich gut mit einem Bad verbinden. Ebenso lassen sich die Besichtigungen von Friedrichsruh anschließen. Bis auf wenige Wegstücke mit Schlaglöchern bereitet die Strecke keine Schwierigkeiten.

Außer den in der ersten Tour erwähnten Gastbetrieben das Café-Restaurant des Reitstalls beim Kiehhusschen Hof in Hohenhorn. In Brunstorf Bruhn's Gasthof. In Dassendorf bei den Riesenbetten und Golfplatz „Jagdhaus am Riesenbett", Terrasse. R Mo.

Sachsenwaldbad von Wohltorf

siehe Tour 1

Gemeindeverwaltung Rathaus, Bismarckallee 21,
21 521 Aumühle, Tel. 04104/97 80 11, Fax 97 80 13.

Vom Bahnhof Aumühle stoßen wir auf die Emil-Specht-Allee und von ihr links in die Dora-Specht-Allee (benannt nach der Frau des Aumühle-Begründers) mit ihrem Fuß-Radweg. Sie leitet in die Börnsener Straße über. Von ihr biegen wir rechts in die Bergstraße und von ihr links in die Bismarck-Allee, um nach dem Rathaus am Berliner Platz den Bismarck-Turm zu erreichen. Dieser ehemalige Wasserturm erhielt seinen heutigen Namen erst, als die von den Studenten errichtete Bismarcksäule von 1903 entstanden war. Der Turm gleicht ganz dem Bild, das wir vielerorts bei solchen Bismarcktürmen kennen. Wir kehren durch die Sleener Straße zur Börnsener Straße zurück. An ihr liegen linker Hand, bevor wir Aumühle verlassen, die Bismarck-Gedächtnis-Kirche und der Waldfriedhof.

Info

Die **Kirche** ist ein runder Klinkerbau, dessen Dreiblattform dem Wappen der Bismarcks entspricht. Der Bau entstand in einer Zeit, in der Deutschland mit einer gewissen Wehmut an die Zeit Bismarcks zurückdachte: 1930 waren reichlich 30 Jahre seit dem Tod des Altreichskanzlers vergangen, eine Generation. Es tut wohl, daß der Bau in enger Nachbarschaft mit den harmonischen Anlagen des Waldfriedhofs, die sich an den Sachsenwald anlehnen, steht.

Bei der Weiterfahrt nehmen parkartig wirkende Gärten und stattliche Linden den Eindruck auf. Um zum Sachsenwaldbad zu kommen, zweigen wir von der Börnsener Straße rechts in den Perlbergweg und die anschließende Gutenbergstraße ab, wobei sich Teer- und Schotterstrecke abwechseln. Links führt uns die Straße Am Tonteich zum Badeteich.

Info

Hier befand sich früher eine Ziegelei, deren Tonabbau die Grube entstehen ließ. Die unter dem Wasser liegende Tonschicht gibt dem Wasser nicht nur einen bläulich-grünen Schimmer, sondern belebt auch die Haut. Das Bad in dem unterhalb baumbestandener Hänge gelegenen **Teich**, der mit Badekabinen komfortabel ausgestattet wurde, ist ein richtiger Genuß. Um die Rückfahrt zur Börnsener Straße - hin und zurück 3 km - kommen wir leider nicht herum.

Unser nächstes Ziel Neubörnsen erreichen wir nach zwei Kilometern zuerst am Waldrand entlang, danach durch ein Waldgelände, das teilweise auch militärischer Sicherheitsbereich ist. Die Bundeswehrnutzung hat dem Weg nicht gutgetan, so daß wir uns mit der von Schlaglöchern übersäten Strecke einigermaßen quälen müssen. Bei nassem Wetter ist das kein Vergnügen.

Wenn wir auf den Börnsener Mühlenweg stoßen, erinnert uns der Name daran, daß hier einst Börnsens Bauern ihr Getreide zur - richtig - Aumühle brachten. Mit diesem Weg erreichen wir die querlaufende B 207, die Bergedorf mit Schwarzenbek verbindet. Da sie gewöhnlich sehr belebt ist, müssen wir uns vorsichtig über sie bewegen. Dabei achten wir darauf, daß wir von der anderen Straßenseite links sofort den Abzweig in den Frachtweg gewinnen. Der begleitet in geringem Abstand die Bundesstraße, ermöglicht uns aber ein geruhsameres Fahren. Felder trennen uns von der betriebsamen Straße, während die geteerte Straße des Frachtwegs rechts von ländlichen Anwesen begleitet ist.

Dabei achten wir auf die Gabelung mit dem Buchenberg, an der wir nicht rechts biegen, sondern links bleiben. Das bringt uns noch einmal in einen etwas holprigen Weg, den zweiten dieser Tour, der als Redder läuft. Tannen und Felder wechseln sich ab, bis wir auf Fuhrendorf stoßen. Durch das Dorf fahren wir in einem Linksbogen und achten auf die Richtung Escheburg. Aber schon 150 m weiter biegen wir links in den Hohenhorner Weg. Auch der läuft zunächst als Redder ruhig und doch abwechslungsreich. An der Gabelung halten wir uns links und freuen uns an dem gut mit Buchen bestückten Mischwald. Unser Weg ist zwar geschottert, aber mit Sand durchsetzt. Wenn wir etwa in der Waldmitte auf eine Kreuzung stoßen, können wir 250 m rechts zu einem Hünengrab abzweigen. Vom Abstecher zurück genießen wir es, daß dieser Fahrensdorfer Weg jetzt geteert ist. Nun taucht auch schon die Hohenhorner Kirche vor uns auf.

Den Anschluß an die weite Welt erhält Hohenhorn mit der hier in Nord-Süd-Richtung durchlaufenden B 404. Ihr folgen wir nur kurz nach rechts und 200 m weiter nach links mit der Richtung Worth. Zuerst läuft die Straße als breite Asphaltstrecke, bis sie 150 m weiter schmäler wird und sich zum Redder entwickelt, an den weite Felder anschließen. Sobald wir Worth erreicht haben, folgen wir der Querstraße nach links und orientieren uns im Linksbogen mit der Dorfstraße, die uns zum nordöstlich gelegenen Brunstorf führt. Ein kurzes Waldstück belebt die Strecke, während links ein Silo von Raiffeisen ländliches Wirtschaftsleben verkörpert. In Brunstorf nehmen wir für die Weiterfahrt den Weg vor der Kirche links und stoßen dabei auf die B 207. Wir überqueren sie und erreichen nach einem Kilometer den Forsthof. Vor ihm biegen wir an der Waldspitze links auf den geteerten Weg durch Felder, von dem wir nach rechts auf den Saupark des Sachsenwaldes blicken. Wir nähern uns dem Wald im Zug des quer verlaufenden Kämpenwegs und schlagen nach links den schmalen Weg durch ein versetztes Gatter ein. Da der Weg sozusagen für Fußgänger reserviert ist, nehmen wir auf diese besonders Rücksicht. Es dauert nicht lange, bis er breiter wird. Dabei erblicken wir links den Golf-Platz des Sachsenwald-Golfclubs. Er ist mit dem „Jagdhaus am Riesenbett" verbunden.

**Info**

**Dassendorf** kann sich im Umkreis mehrerer „Riesenbetten" rühmen. Ihre Ausmaße sind beachtlich. Das größte mit einer Länge von 38, das zweite von 36 Metern. Dabei nimmt die eigentliche Grabkammer nur den bescheidenen Raum von 3.60 zu 2.40 ein. Offensichtlich sollte die Größe der Steinsetzungen den Rang des Toten zum Ausdruck bringen - sozusagen eine Prestige-Bestattung.

Von Dassendorf haben wir es nicht mehr weit bis nach Aumühle. Für die drei Kilometer können wir durch den Wald den Radweg der Landesstraße einschlagen. Das ist der rascheste Weg, der uns hinreichend Zeit für die Besichtigungen von Friedrichsruh läßt, auf die in der Tour 1 hingewiesen wird. Andererseits könnte es schon verlocken, noch eine hübsche Fahrt durch einen reizvollen Abschnitt des Sachsenwaldes zu machen. Damit nehmen wir von den Riesenbetten und dem gastlichen Lokal den Weg über die Bundesstraße und radeln auf dem schmal beginnenden Pfad an der Waldsiedlung vorbei am Waldrand entlang. Wir lassen den ersten Abzweig unberücksichtigt, sondern halten uns am zweiten rechts auf die geradlinig durch den Wald führende Wegachse. Mit ihr überrollen wir mehrere Kreuzungen und haben Abwechslung zwischen bescheidenen Steigungs- und Gefällestrecken. Wenn wir auf den Friedrichsruher Weg stoßen, können wir uns noch einmal entscheiden, ob wir rechts zu den Bismarck-Stätten abzweigen wollen. Sonst aber biegen wir in die Sachsenwaldstraße und halten uns an der Dora-Specht-Allee rechts auf den Bahnhof Aumühle zu.

## Geesthacht - Elbstadt mit wegweisender Technik

Wenn sie auch nicht jedermann gefällt...

Auch wenn Geesthacht, größte Stadt des Herzogtums Lauenburg mit 28.000 Einwohnern, zum Angelpunkt moderner Technik wurde, liegen seine Wurzeln im Mittelalter. Damals soll ein Hochwasser der Elbe die Bewohner eines Dorfes namens Hachede vor die Entscheidung gestellt haben, ihre schwer beschädigten Häuser zu verlassen und sich auf der jenseits der Elbe (im heutigen Niedersachsen) liegenden, vorm Wasser sicheren, Marsch anzusiedeln oder auf der Geest zu bleiben. Das Dorf gegenüber erhielt den Namen Marschacht, der auf der Geest verbliebene Ortsteil ist uns heute als **Geesthacht** bekannt. So oder ähnlich zeigt sich der Ursprung von Geesthachts Geschichte. Freilich dauerte es bis 1924, ehe es als Stadt anerkannt wurde, die durch zwei große Brände von 1887 und 1928 erhebliche Schäden erlitt. So verwundert es nicht, daß Geesthacht nicht mit einer malerischen Altstadt Staat machen kann.

Den Anfang machte ein gewisser **Alfred Nobel**, schwedischer Chemiker, der 1865 hierher kam. Er suchte sich das nahe Geesthacht gelegene (heute eingemeindete) Krümmel für die Anlage seiner Pulverfabrik aus. Verglichen mit der Unruhe, die heute von Kritikern bei neuen technischen Anlagen entfacht wird, vollzog sich Nobels Niederlassung ziemlich reibungslos. Was er in seiner Pulverfabrik erfand, war nicht mehr oder weniger als das Dynamit. Sie wurde aus bescheidenen Anfängen zum größten Sprengstoffwerk des europäischen Kontinents. Selbst heutzutage wissen viele Besucher wenig von der explosiven Vergangenheit der Stadt. Das Kernkraftwerk Krümmel ist bekannter!

So oder so: Geesthacht hat seinen symbolischen Anteil an Nobels Weltruhm. Denn ohne Geesthachts Krümmel kein Dynamit, ohne Dynamit kein zu Reichtum gekommener Nobel und ohne ihn keine Nobelpreise, weder die echten noch die alternativen. Ob man es will oder nicht, scheint Geesthachts Weg in die Gegenwart dadurch vorbestimmt gewesen zu sein. Beispielsweise mit der **Staustufe** der Elbe, die wir hier besichtigen können. Der Binnenländer kann sich kaum vorstellen, daß Ebbe und Flut sich von der Nordsee bis hierher bemerkbar machen. Das hat sich auch auf die Elbschiffahrt ausgewirkt. Daher entstand hier zwischen 1957 und 1960 eine Staustufe. Sie sorgt dafür, daß das Fahrwasser der sogenannten Oberelbe mit den Anschlüssen des Elbe-Lübeck-Kanals und des Elbe-Seitenkanals gleichmäßig reguliert ist. Darüber hinaus, daß Hamburgs Hafen sowie die Unterelbe zwischen Hamburg und Geesthacht einheitlich eine Tiefe von 12 m aufweisen. Dank der Staustufe hat sich der Elbspiegel gleichmäßig um bis zu 2 m angehoben.

Geesthacht erhielt zugleich mit dem Stauwehr 1966 eine Elbbrücke, die den Verkehr zwischen Geesthacht und Lüneburg auf zwei Dutzend Kilometer verkürzt hat. Das ist jedoch nicht Geesthachts einzige Technik. Seit 1958 besteht kaum 2 km südöstlich der Stadt ein **Pumpspeicherwerk**, Norddeutschlands einziges Wasserkraftwerk von Bedeutung. Auch wenn ein richtiger Berg fehlt, der für ein Pumpspeicherwerk notwendig ist, so tut ein Geestrücken dafür seine Schuldigkeit. Hier wird Wasser aus der Elbe, ein Stück unterhalb, in das Speicherbecken am höchsten Punkt der Landschaft gepumpt. Mit dem Wege des Wassers nach unten auf Turbinen und Generatoren wird - Sie ahnen es - Strom erzeugt. Das Speicherbecken hat dabei die Ausmaße der jedem Hamburger bekannten Binnen- und Außenalster zugleich. Dieses technische Zauberwerk mit dem 600 m langen und 500 m breiten sowie 17 m tiefen Becken verdankte seine Entstehung der mit der Staustufe von der Oberelbe kommenden Wassermenge.

**3**

# Elbaufwärts bis Lauenburg radeln

## An beiden Ufern entlang

### Toureninfos

km — ohne Abstecher 29 km

START — Entweder an Geesthachts ehemaligem Bahnhof, heute: Jugendzentrum (Bahnhofstraße) oder einem anderen innerstädtischen Parkplatz. Oder mit Bahnanschluß in Lauenburg die Tour in umgekehrter Reihenfolge durchführen.

Zweimal müssen wir die Elbe überqueren. Die Fahrstraßen nehmen auf Radfahrer Rücksicht, sodaß wir uns an die markierten Radwege halten müssen, um ohne Beeinträchtigung durch motorisierten Verkehr vorwärts zu kommen. In den Bereichen von Lauenburg und Tesperhude müssen wir mit Steigungen rechnen. Einige Streckenteile ermöglichen die Wahl zwischen elbnaher oder etwas abseitiger Fahrt.

Erhebliche Auswahl besteht in Geesthacht und Lauenburg. Sonstige Möglichkeiten u. a. in Tespe, Artlenburg, Hohnstorf, Sandkrug, Tesperhude und Krümmel.

Geesthacht: Beheiztes Freibad (Elbuferstraße), Tespe: Beheiztes Freibad, Lauenburg: Freibad mit Warmwasser-Badelandschaft (nahe Glüsinger Weg).

Heimatmuseum im Krügerschen Haus (300 qm), Bergedorfer Straße 28, nur bei Sonderveranstaltungen geöffnet. Nachfragen unter 04152 / 13 367. Pumpspeicherwerk (Information 04152 / 93 90) außer Mo 10 - 12 und 12.30 - 16. Kernkraftwerk Krümmel, Infozentrum außer Mo 9 - 16.30. Arbeitsgemeinschaft Geesthachter Eisenbahn, an 2 Wochenenden, Info 04 152 / 130, an Betriebstagen 77 899. Lauenburg - Elbschiffahrtsmuseum, Elbstraße 59, Mo - Fr 10 -13 + 14 - 17, Sa + So 10 - 17. Mühlenmuseum (Bergstraße 17), März - Oktober 10 -23, November und Februar 12 - 13 (mit Restaurationsbetrieb verbunden).

Geesthacht Tourist-Information, Stadtverwaltung, Markt 15, Mo - Fr 9 - 12, 21 502 Geesthacht, Tel. 04152 / 13 278 oder 130. Lauenburg Fremdenverkehrsamt, Postfach 1360, 21 472 Lauenburg, Tel. 04153 / 59 09 81.

Wenn wir unsere Tour in Geesthacht beginnen, kommen wir nicht um die etwas unbequeme Überquerung der Elbe herum, die Schleswig-Holstein und Niedersachsen trennt. Die Brücke über den Strom befindet sich leider nicht auf der Höhe der Stadt, sondern an ihrem Westrand, wobei zuerst die Schleusen- und danach die Elbbrücke verläuft. Unser Start von einer der Parkgelegenheiten (wo sich Berliner und Geesthachter Straße an der Post begegnen) führt in die Bahnstraße zum Jugendzentrum (einstiger Bahnhof). Mit ihr, bis die rechts abzweigende Dünenstraße uns über die Bahn leitet. Von ihr biegen wir links in die Baustraße und rechts in die Steinstraße. Bei der Kreuzung fahren wir links in die Wärderstraße und von ihr rechts in die Straße am Schleusenkanal. Jetzt sind wir der Brücke nahe und können uns getrost nach den Hinweisen richten, die Radfahrer auf und über die Brücken lotsen. Wir radeln damit - anders geht es nicht - im Zug der B 404 aufs niedersächsische Elbufer und lassen uns auch hier durch die Richtungsangaben für Radfahrer leiten.

Von der Brücke gelangen wir so nach Rönne. Hier verläuft die Elbuferstraße. Wir halten uns jedoch an der Brückenabfahrt an die abzweigende Deichstraße, die hier beginnt und durch versetzte hölzerne Schranken gesichert ist. Besser können wir es gar nicht treffen, denn von hier bis zur Lauenburger Elbbrücke können wir diesem Wanderweg zwischen Elbe und Elbuferstraße folgen. Einzige Unterbrechung ist dabei die Einmündung des Elbe-Seitenkanals bei Artlenburg. Wir Radler haben es dabei besser als die Autofahrer im Hinterland. Wir behalten die Tuchfühlung mit dem Strom und den dabei möglichen Ausblicken. Allenfalls die beiden Werder - der Rönner und der Niedermarschachter - halten uns noch in einigem Elbabstand. So läuft der Weg bis nahe Tespe. Nahe kommen wir der Elbe, sobald jenseits das unübersehbare Atomkraftwerk Krümmel vor uns liegt. Ebenso nicht zu übersehen ist die mächtige Stromleitung, die sich über die Elbe zieht. Bisher sind wir der Deichstraße West gefolgt, die von der Deich-

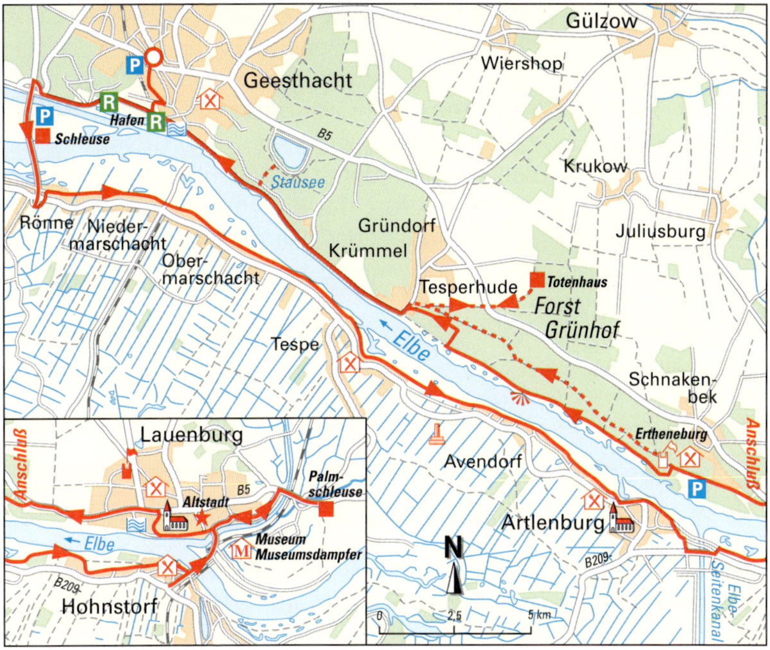


straße Ost abgelöst wird. Auf Avendorf mit seinem Leuchtturm stoßen auf das vor dem Elbe-Seitenkanal liegende Örtchen Artlenburg.

**Info**

Hier lag eine der beiden **Burgen**, die im Mittelalter das Elbufer vor bösen Feinden schützten. Daß wir heute keinerlei Spur mehr von ihr sehen, ist wohl Schuld der Elbe, deren Hochwässer sie wegspülten. Etwas besser ist es der auf dem jenseitigen Ufer stehenden Ertheneburg ergangen, die „nur" 1181 von Heinrich dem Löwen zerstört wurde und der wir mit ihren Überbleibseln auf der Weiterfahrt begegnen werden. Dafür hat Artlenburg aber zwei weitere Sehenswürdigkeiten. Seine Kirche geht auf romanische Ursprünge zurück und wird mit seinem Feldsteinturm durch zwei achteckige Oberteile bekrönt. Da das Kirchenschiff im 17. Jahrhundert erneuert wurde und wenige Jahrzehnte danach abermals abbrannte und neu errichtet wurde, sieht es heute klassizistisch aus. Bevor wir jetzt den Kanal erreichen, steht noch die restaurierte Windmühle vor uns.

**Tip**

**Abstecher:** Der Elbe-Seitenkanal, der seit 1976/77 die Elbe in einer Länge von 115 km mit dem Mittellandkanal verbindet, gehört nicht zu unserer Tour. Um die erheblichen Höhenunterschiede des Wasserweges zu überbrücken, wurde bei Scharnebeck in Richtung auf Lüneburg ein Schiffshebewerk errichtet, das größte dieser Art von ganz Europa. Wer darauf neugierig ist, könnte sich einen Abstecher entlang dieses Kanals leisten. Immerhin müssen wir mit 12 - 15 km zusätzlicher Fahrt rechnen.

Wenn wir unsere Fahrt ohne Abstecher fortsetzen, müssen wir uns von Artlenburg zur B 209 orientieren. Eine Brücke führt über den Kanal. Ihrem Radweg vertrauen wir uns an. Danach geht es erneut zum Elbdeich. Nördlich der B 209 trennt er Hohnstorf von der Elbe. Nahebei befindet sich ein Campingplatz. Von dieser Elbseite genießen wir den Blick auf die anmutige Kulisse der Stadt Lauenburg, was wir gut vom Café-Restaurant Koch aus tun, das die Aussichtsterrasse dafür bietet. Mit einem Findling wird hier des plattdeutschen Dichters Robert Garbe gedacht. Um nach Lauenburg zu kommen, müssen wir die Elbbrücke überqueren.

Info

Die **Elbbrücke**, die die beiden norddeutschen Backsteinstädte Lübeck und Lüneburg (mit den schönsten Rathäusern des Nordens) verbindet, war dem Krieg zum Opfer gefallen. Sie gehörte zu den wichtigsten Bauwerken, die nach Kriegsende wiederhergestellt werden mußte. Es gelang tatsächlich schon bis 1951 und rückte die beiden Länder Schleswig-Holstein und Niedersachsen wieder näher aneinander. Hier verlief seit dem Mittelalter die „Alte Salzstraße", die dafür sorgte, daß das Salz aus Lüneburg zu den Ostseehäfen und über Lübeck nach Skandinavien kam. Es war dringend notwendig, um den Fisch zu konservieren. Seit 1398 lief von Lauenburgs Elbufer der Stecknitzkanal, der nun zum **Elbe-Lübeck-Kanal** geworden ist. Zahlreiche Schleusen waren schon im Mittelalter notwendig, um das Gefälle zwischen Lübeck und Lauenburg zu überwinden. Eine von ihnen gilt unter dem Namen der Palmschleuse als wichtiges technisches Denkmal, das zuerst aus Holz, aber 1725 aus Feldsteinen errichtet wurde und heute mehr der Schau als praktischer Nutzung dient. Der heutige Elbe-Lübeck-Kanal wurde im Jahr 1900 dem Verkehr übergeben.

Wenn wir Hohnstorf verlassen, müssen wir uns im Zug der B 209 zum markierten Radweg über die Brücke orientieren, die uns entweder die Einfahrt nach Lauenburg oder einen Abstecher zur Palmschleuse ermöglicht.

Info

**Lauenburg:** Die etwa an diesem Angelpunkt an der Elbe unübersehbare Plastik „Der Rufer" (dort auch Bank mit Elbblick) des Bildhauers Karlheinz Goedtke erinnert an die Zeiten, in denen per lautstarkem Zuruf der Fährmann von jenseits des Stroms alarmiert und herangeholt werden mußte. Mit ihr beginnt Lauenburgs „Schokoladenseite", nämlich die Elbstraße. Mit ihren farbig restaurierten Fachwerkhäusern aus dem 16. und 17. Jahrhundert, die vom „Rufer" zur Kirche führen, vermittelt sie ein viel zu wenig beachtetes norddeutsches Idyll. Denn die meisten Autofahrer passieren Lauenburg mit seinen 11.000 Einwohnern im Zug der Oberstadt, die von der Elbstraße aufsteigt und von der B 5 passiert wird. Mit dem Rad ist der Weg nach oben zu Lauenburgs „Balkon" nicht ganz bequem. Vor allem aber: finden wir unten (mit Ausnahme des Schloßturms) die reizvollsten Eindrücke. Dazu gehört die Kirche aus der Zeit um 1300, in deren gotischem Schiff sich Feld- und Backsteine verbinden und an das - freilich erst 1902 - ein Turm gesetzt wurde.

**Info**

Vom Inneren dürfen wir uns nicht viel versprechen. Die reich ausgestattete Kirche wurde nämlich in der ersten Hälfte des vorigen Jahrhunderts von einem Pfarrer „gesäubert", der sich als Bilderstürmer verstand. Nur wenige ältere Kunstwerke blieben erhalten, so eine mittelalterliche Bronzetaufe und ein Kruzifix. Originell ist der „Kaak" vor der Kirche, in dem mittelalterliche Gesetzesbrecher zur Abschrekkung zur Schau gestellt wurden. Außerdem dabei ein Pranger, der Sünder gegen Lehren der Kirche öffentlich bloßstellte. So streng waren damals die Sitten und Gebräuche.

**Stadtbummel:** Lauenburgs Welt lohnt es, das Rad abzustellen und zu Fuß die Atmosphäre der Stadt auf sich wirken zu lassen. Hier sind seit langem die Elbschiffer zu Hause, die seit 1687 alljährlich im Januar ihre „Schipperhöge" feiern. „Högen", das bedeutet in Norddeutschland sich freuen, so daß es sich also um ein Fest handelt. In der Elbstraße zeigt das „Elbschiffahrtsmuseum" (Nr. 59) die Entwicklung des Schiffsbetriebs auf der Elbe. Es ist wohl das einzige Museum, das zu seinem Bestand auch ein in Betrieb befindliches Schiff zählt, den Schaufelraddampfer „Kaiser Wilhelm", der im Jahre 1900 erbaut wurde und bis heute während des Sommers zu Ausflugsfahrten den Strom befährt. Das können wir uns vielleicht für einen späteren, auf den Fahrplan abgestimmten Besuch aufheben.

Wir kommen leider nicht darum herum, von der romantischen Unterstadt für die Weiterfahrt den Weg nach oben anzutreten. Nahe der Kirche haben wir die Wahl, ob wir von ihr aufwärts im Graben unser Rad schieben oder der Elbstraße zur Grünstraße oder den Stufen der Himmelstreppe folgen. Dabei passieren wir den Sportplatz und die links gelegene Kriegsgräberstätte. Bald ziehen sich schöne Linden an der Strecke entlang, bis wir das Ortsschild Schnakenbek erreicht haben. Hier biegen wir links ab und nähern uns mit leichtem Gefälle dem früher als Ausflugslokal beliebten, inzwischen stillgelegten Waldhaus Glüsing. An ihm vorbei erreichen wir eine Reihenhaussiedlung und ein Backsteinkirchlein mit einem Dachreiter. Kurz darauf kreuzt die historische Salzstraße unsere Strecke. In der Tat: hier lief sie ursprünglich, während sie heute als touristische Straße Lauenburg und Mölln oder Schwarzenbek verbindet und durch entsprechende Hinweistafeln markiert ist. Hier an der „echten" alten Salzstraße wenden wir uns links, passieren eine Gartenbaufirma und stoßen auf eine Kreuzung. An ihr halten wir uns über Kopfsteinpflaster mit Anstieg nach links auf die Ertheneburg zu.

**Info**

Hier müssen wir zuerst verraten, daß die **Elbe** keinesfalls immer ihren heutigen Namen hatte. Vor über einem Jahrtausend nämlich hieß sie Erdenau, woraus sich dann der Name dieser Burg ableitete: von Erdenau zu Erthene, was 1026 erstmals dokumentarisch erwähnt wurde. Der nächste Elbname war „Labe" (wie sie ähnlich noch in Tschechien heißt), sodaß sich jetzt erkennen läßt, wie Lauenburg zu seinem Namen kam - keine laue Burg also, sondern Labeburg, Burg an der Elbe.

Info

Die **Ertheneburg** ist mit dem Namen von Heinrich dem Löwen verbunden, der von dieser, in den Innenmaßen 65 x 100 m umfassenden Burg, den Elbübergang bewachte. Das läßt sich heute noch gut erkennen, wenn wir unser Rad an der Sackgasse abstellen und in dem bewaldeten Gelände Umschau halten. Als freilich Friedrich Barbarossa mit dem „Löwen" 1181 in Streit geriet, zog dieser es vor, vor seiner Flucht die Burg in Brand zu setzen. Neu erbaut wurde sie nicht. Vielmehr dienten die hier überflüssig gewordenen Steine möglicherweise zum Bau des Lauenburger Schloßes. Von ihm ist lediglich der Bergfried noch erhalten. Ausgrabungen im Bereich der Ertheneburg in den Jahren 1951 und 1979 haben Keramikgefäße mehr oder minder erhalten aus dem 12. Jahrhundert wieder ans Tageslicht gebracht und eine Denar-Münze aus der Epoche Heinrich des Löwen. Auch wenn das romantische Gelände des Burgwalls dazu verführen könnte, das historische Ambiente zu durchforschen, ist Vorsicht angebracht. Vor allem Kinder sollte man gut im Auge behalten.

Nach genußvoller Burgbesichtigung (genauer gesagt eines Ringwalls mit Graben) kehren wir, wieder im Sattel, zur Kreuzung zurück. Über das Kopfsteinpflaster links abwärts erreichen wir den „Sandkrug", der als Gaststätte eine lange Tradition hat. Nur noch 30 m abwärts trennen uns jetzt von einem Wanderweg am Elbufer nach rechts, den auch Radfahrer gut benützen können. Der schmale Weg verbindet Schotter mit Begrasung. Nur ein Grünstreifen, auf dem im Sommer Vieh weidet, trennt uns von der Elbe. Wir folgen diesem Weg nach Tesperhude, wobei wir einmal ein Stück waldaufwärts treten oder schieben müssen. Im Sommer wird es bald lebhaft, da sich hier ein hübscher und weiträumiger Campingplatz befindet, an dem wir bei Tesperhude entlangfahren.

Tip

**Alternativroute:** Anstelle des Elbwanderweges können wir uns aber auch für eine andere Strecke entscheiden. Dabei fahren wir von der Ertheneburg nicht links abwärts zum „Sandkrug", sondern an der Kreuzung geradeaus und durch den Forst Grünhof. Das ist ein ebener, bequem befahrbarer Weg, auf dem wir die Sandkrug-Siedlung und den Sandkrug-Hof passieren. Durchzogen wird diese geradlinig laufende Strecke durch Querwege. Auch er mündet nach 5 km, wie der Elbwanderweg, an der Querstrecke am Waldrand entlang und verbindet das Elbufer (links) mit seinem Weg mit der Bundesstraße 5, die wir ansteigend erreichen. Wer hierher fährt, tut gut, das aus der Bronzezeit stammende Vorgeschichtsdenkmal des „Totenhauses" zu besichtigen.

Beim „Totenhaus" handelt es sich um eine **Grabstätte** aus der Zeit von über einem Jahrtausend vor Christus, also 3.000 - 3.500 Jahre her. Zur Bestattung, wie sie damals besonders für Frauen üblich war, errichtete man aus zwölf Pfosten ein Haus mit den Maßen von 4.4 x 3.8 m, in das die Särge einer Frau und eines Kleinkindes gelegt wurden. Deren soziale Stellung und/oder Todesursache ist unbekannt. Jedenfalls wurde das Haus abgebrannt und in Hügelform mit Steinen und Erde abgedeckt. Allerdings mußte man zu den alten Resten Hügel und Steinpackungen neu anordnen. Informationen befinden sich auch bei dem Totenhaus.

Info

Als Grabbeilage hat man hier weiblichen Schmuck und Werkzeug gefunden, die ins Grab gelegt worden waren. Bemerkenswert ist es, daß aus der einstigen Bestattung sich eine Sage entwickelt und überliefert hat, die sich mit einem Feuer und einem Scheiterhaufen verband und über drei Jahrtausende lebendig blieb.

Wie wir von hier nach Geesthacht zurückkehren, ist uns überlassen. Der sozusagen narrensicherste Weg führt, nachdem wir von hier 750 m zur B 5 zurückgekehrt sind, auf dem Radweg der Bundesstraße entlang, freilich begleitet von dem lebhaften Verkehrstrom, der über Neuen Krug, Post und Berliner Straße (am Stausee für das Pumpwerk vorbei) nach Geesthacht führt. Ruhiger ist der Weg, den wir vom Totenhaus über die B 5 geradlinig hinweg nehmen, um über Ostheese abwärts zu rollen und über Ring- und Burgweg den Strandweg anzusteuern. Auf seiner Strecke passieren wir Kinderspielplatz, Picknickplatz und Minigolf sowie das Restaurant Elbblick.

Von hier begleiten wir die Strecke der Museumsbahn und rollen am Kernkraftwerk der Hamburgischen Elektrizitätswerke mit seiner Leistung von 1.3 Megawatt vorbei. Hoffentlich ist niemand so töricht, die Vorbeifahrt zu scheuen. Technischer Fortschritt ist seit der Erfindung des Rades immer zum Schreckgespenst gemacht worden. Unsere Urgroßeltern sahen es als lebensgefährliches Abenteuer an, in die Eisenbahn zu steigen. Sie verläuft hier übrigens links unserer Strecke mit der Museumsbahn. Wenn wir den links gelegenen Grillplatz passiert haben, ist unser zügiger Weg kurz unterbrochen. Hier können wir sehen, wie zwischen dem rechts liegenden Stausee und der Elbe die Röhren für das Auf und Ab des Wassers die Straße passieren. Auf einem Wanderweg mit Treppenaufgang können wir durch Siemerswalde zu ihm nach oben steigen.

Info

Überraschen mag manchen Radler die Tatsache, daß zwischen unserer Strecke und dem Stausee der **„Weinberg"** liegt. Sollte hier „Geesthachter Riesling" von den Weinreben gelesen und gekeltert werden? Nun ja, es gibt ja tatsächlich erstaunlich ungewöhnliche Anbaugebiete für Weinreben. Etwa im niedersächsischen Hitzacker oder im sächsischen Meißen und in der Lößnitz bei Dresden. Aber hier liegt doch der Argwohn nahe, daß es sich nicht um Elbwein handelt, sondern um einen vor der Reformation häufig anzutreffenden „Kalvarienberg" mit den Passionsstationen, der im Volksmund zutreffend als Weinberg bezeichnet wurde.

Jetzt sind wir gleich am Ziel. Von der Höhe des Weinbergs unterhalb des Stausees trennen uns nur noch 2 km bis Geesthachts Innenstadt. Von der Elbuferstraße rollen wir in die Straße am Hafen und von der Steinstraße durch die Baustraße rechts, Dünenstraße rechts und in die Bahnstraße links. Jetzt müssen wir nur noch zum Parkplatz zurück.

4

# In die Vierlande - zu den Obst- und Gemüsegärten Hamburgs

## Immer noch eine grüne Idylle

### Toureninfos

ohne Abstecher 27 km

Wie in Tour 3. Nach Anfahrt mit Pkw parken in der Stadtmitte von Geesthacht.

Geradlinige Straßen, teilweise im Zug stillgelegter Bahnlinien, erleichtern Fahren und Orientierung. Wer genug Zeit hat, kann weitere Abstecher einbeziehen. Neben den hier zu beachtenden folkloristischen Motiven und bemerkenswerten Kirchen ruft das ehemalige Konzentrationslager Neuengamme mit seinem Mahnmal und Dokumentenhaus eine düstere Vergangenheit in die Erinnerung.

In Altengamme „Altengammer Krug" (Terrasse), Achterdeich „Gaststätte Kiebitzbrak", Gasthof zum Elbdeich (Terrasse)

Geesthacht: Freizeitbad, Voßmoor: Sommerbad

Neuengamme: KZ-Ehrenmal von 1965 und Dokumentenhaus von 1980/81. Di - So 10-18. Curslack: Freilichtmuseum Rieck-Haus, Am Curslacker Deich, Di - So 10-17, November - März 10-16. Geesthacht: siehe vorhergehende Tour.

Geesthacht Tourist-Information, Stadtverwaltung, Markt 15, (geöffnet 9-12 Uhr), 21 502 Geesthacht, Tel. 04152 / 13 278 oder 130.

Info

**Kleine Vierländerkunde:** Die vier hamburgischen Kirchspiele („veer Keerspeel"), die als Vierlande bekannt und beliebt sind, tauchen zum ersten Mal im 16. Jahrhundert unter dieser „Firma" auf. Es sind, unterschiedlich bekannt, Alten- und Neuengamme, Kirchwerder (das größte „Land") und Curslack. Wir können sie gut von Geesthacht aus erreichen, aber es ist auch möglich, sie aus Richtung Billwerder (S-Bahnhof Mittlerer Landweg) oder Bergedorf (S-Bahnhof Nettelnburg) anzusteuern, wobei wir freilich den Lauf der vorgeschlagenen Tour verändern müssen. Weithin durchzieht der Marschbahndamm mit seiner schmalen Spur, mit der die stillgelegte Marschbahn die Vierlande erschloß, die Landschaft. Sie hat seit langem den Ruf, Hamburgs Gewächshaus zu sein, und umfaßt (zusammen mit den Marschlanden) rund 130 Kilometer Wegstrecke. Schon vor 300 Jahren wurden hier Erdbeeren in die Hansestadt geliefert. Der Ruf von Vierländer Obst und Gemüse ist im deutschen Norden weit verbreitet.

Wer durch die Vierlande radelt, sollte die Verkehrsverhältnisse der Vergangenheit bedenken. Einmal war nicht nur am Meer Deichen notwendige Voraussetzung für das Überleben, weil die Elbüberschwemmungen (die letzte große Sturmflut liegt erst wenige Jahrzehnte zurück) verheerende Folgen hatten. Für die Vierlande gelten verschiedene Deicharten: die hohen Hauptdeiche nahe der Elbe, die Deiche für die Dove und die Gose Elbe und schließlich die Hinterdeiche, sozusagen die letzte Bastion, die auch als Hausdeiche bezeichnet werden. Wer nicht hier wohnt, muß wissen, daß die Dove Elbe die plattdeutsche Bezeichnung für die „taube" Elbe ist und die Gose Elbe für einen flacheren Elblauf. Beide sind Nebenarme, die nicht über 17 und 19 Kilometer Länge hinauskommen. Diese Elbarme, die heute durch Straßen ersetzt sind, dienten bis vor einem reichlichen halben Jahrhundert als befahrbare Wasserstraßen, sozusagen Hamburgs Venedig...

Allzu ausgedehnt sind die Vierlande nicht: zwischen Nord und Süd 10 Kilometer, zwischen Ost und West 12 Kilometer. Hier wohnen (mit abnehmender Tendenz) nicht mehr als 25.000 Vierländer, die zu einem erheblichen Teil in landwirtschaftlichen oder gärtnerischen Berufen oder als Hilfskräfte tätig sind. Das Gebiet ist weithin mit Gewächshäusern überzogen, durch die schon früh im Jahr und lange in den Herbst hinein Ernten möglich sind. Die oft mit Reet gedeckten Häuser vermitteln einen behaglichen Eindruck. Während unserer Radtour können wir die Gelegenheit benützen, vom Erzeuger dies oder jenes, je nach Jahreszeit, günstig und vor allem frisch einzukaufen. Wenn wir heute die Vierlande als den ländlichsten Teil der Großstadt Hamburg ansehen, dann sollten wir nicht vergessen, daß über 450 Jahre lang (1420 bis 1868) diese fruchtbaren Lande gemeinsam den beiden Hansestädten Hamburg und Lübeck gehörten, bis die Hamburger sich von 200.000 Talern trennten, um das Land den Lübeckern abzukaufen.

Steigen wir nun also aufs Rad und zwar von Geesthacht aus. Hier radeln wir von der Stadtmitte (Tour 3) durch die Bahn-. Dünen- und Steinstraße und links mit der Wärderstraße zum Schleusenkanal. Im Zug der Straße bleiben wir unterhalb der Schleusenbrücke parallel zur Elbe, wobei uns rechterhand Klärwerk und Betonfabrik nicht erspart bleiben - es gibt schönere Wegstrecken. Aber das geht vorüber, wenn wir hinter der Betonfabrik die Schotterstraße nach rechts einschlagen.

Sie nimmt Kurs auf die Besenhorster Sandberge. Allerdings geht es nicht ohne Enttäuschung ab. Denn diese bewaldete Landschaft ist Privileg der Polizei, die hier ein Übungsgelände unterhält. Immerhin können wir dem Waldrand und dem Modellflug-Gelände folgen. Hier ist Naturschutz angesagt.

Wenn wir einen guten Kilometer zurückgelegt haben, sind wir im Bereich von Pferdekoppeln und Laubholz und erreichen mit dem Bornhorster Hauptdeich den Escheburger Weg. An der Kreuzung halten wir uns rechts und erreichen damit den bereits erwähnten Altengammer Marschbahndamm. Er steht auch oder besser: von hier nur Radfahrern offen. Freilich müssen wir damit rechnen, daß - was sogar gestattet ist - aus der Gegenrichtung auch Autofahrer den Damm benützen können. Wir müssen also auf den uns entgegenkommenden Einbahnverkehr achten. Allzu lebhaft ist er freilich nicht. So können wir rund 7 bis 8 Kilometer lang dort mit Genuß rollen, wo bis vor 40 Jahren die Züge verkehrten. Unsere Richtung ist dabei südwestlich.

Das Rieck-Haus (1553) von Curslack ist Teil eines Freilichtmuseums der Vierlande

Dabei wird uns gleich auffallen, eine wie große Rolle in dieser Landschaft der Weiden und Felder die gläsernen Gewächshäuser spielen. Mit der ersten Kreuzung überqueren wir den Altengammer Hausdeich. Es lohnt sich, jetzt oder beim Rückweg Altengammes Kirche zu besichtigen.

Info

**Altengamme:** Die **Kirche** besteht aus einem Feldsteinschiff, das in der ersten Hälfte des 13. Jahrhunderts errichtet wurde. Die widrigen Umstände machten es unvermeidlich, daß einige Mauern inzwischen erneuert wurden. Als einstweilen letzte 1952 die Nordwand. Eine Ergänzung der Kirche bildete kurz vor der Mitte des 17. Jahrhunderts ein freistehender hölzerner viereckiger Glockenturm. Wer den Bau auf sich wirken läßt, wird spüren, daß das beschauliche Gotteshaus eine wohltuende Frömmigkeit ausstrahlt. Es kommt hinzu, daß das Kircheninnere im Geist des Rokoko gestaltet wurde und die Bemalung auf blauem Untergrund Sterne trägt. Man könnte meinen, im deutschen Süden zu sein. Erfreulicherweise ist die Ausmalung restauriert worden. Freuen Sie sich an den reizvollen Einzelheiten von Emporenfeldern und Gestühlen mit Früchten, Blumen und Vögeln.

Die Kunsthistoriker (so Dehio) haben dieses besterhaltene Ensemble der Vierländer Volkskunst immer wieder gerühmt. Können wir uns im Kircheninneren wirklich vorstellen, daß wir hier nahe der Elbe sind? Die Kirche enthält manche Details, die uns gefallen können, so die schmiedeeisernen Hutständer des 18. Jahrhunderts, die mit allerhand Phantasie bemalt wurden. Aus dem 14. Jahr-

Info

hundert stammt eine Bronzetaufe. Wenige Bauernkirchen in Norddeutschland sind so harmonisch und damit besuchenswert. Übrigens hängt im Holz-Glockenturm eine Glocke, die 1487 gegossen wurde, aber erst 1804 hierher kam. Sie hing bis dahin in keiner geringeren Kirche als dem Hamburger Dom.

Wenn wir von dieser Kirche weiterfahren, bleibt uns die bisherige Landschaft treu. Dabei überfahren wir zwei Straßenkreuzungen, von denen wir eine auf der Rückfahrt „mitnehmen" können. An Neuengammes Hauptdeich blieb ein Stück des kleinen Bahnhofs nach der Stillegung erhalten. Vor und nach ihm reicht ein Gewächshaus dem anderen die Glasplatten zu. Hinter einer Feldbahnstrecke gelangen wir nach freier Landschaft zum Kiebitzdeich. Hier in der Nähe von Kirchwerder nennt sich unser Marschbahndamm nach diesem Ort. Ein kleines Wäldchen unter Naturschutz führt uns mit einem inmitten einer Kolonie von Gewächshäusern abzweigender Weg scharf rechts ab. Nach dem folgenden Wäldchen erblicken wir die 1830 erbaute Riepenburger Mühle, eine Holländer Mühle mit drei Schrotgängen und einem Mehlgang. Am Kirchenwerder Mühlendamm biegen wir rechts und an der nächsten Gabelung nochmals rechts. Vor Ohe geht es über die Gose Elbe, vorbei an hübschen Kastanienbäumen, und nochmals über den bereits bekannten Kiebitzdeich. Damit sind wir auf dem Neuengammer Heerweg.

Info

Vor uns liegt **Neuengamme**, ein Stück deutsche Tragödie. Zwischen 1938 und 1945 befand sich hier ein Konzentrationslager, durch das mehr als 100.000 Häftlinge geschleust wurden. Von ihnen erlitt über die Hälfte den Tod. Eine Sterblichkeit, die deutlich macht, da es sich hier nicht um normale Todesfälle handeln konnte. Ein Schandfleck in einer so naturverbundenen Umgebung. Zu den (heute als normales Gefängnis benutzten) Gebäuden radeln wir durch den Jean-Dolidier-Weg. Diesen Namen trug ein Widerstandskämpfer, der von 1906 bis 1971 lebte. Rechts an der Straße erblicken wir die düstere Gedenkstätte von 1965. Wo sie heute steht, befand sich die einstige Gärtnerei, deren Boden aus der Asche der verbrannten Opfer gedüngt wurde. Das Mahnmal will schlicht, aber eindringlich den Kamin eines Krematoriums symbolisieren. Die französische Künstlerin namens Françoise Salmon war selbst Häftling, freilich in Auschwitz und nicht in Neuengamme. Nur die Namen unterscheiden sich.... „Der sterbende Häftling" heißt ihre Plastik. Als Ergänzung zu der Gedenkstätte hat man 1980/81 ein Dokumentenhaus errichtet. Es soll, wie der Name sagt, dokumentarisch nachweisen, was hier geschehen ist.

Manchem mag es nicht leicht fallen, nach solch erschütternden Eindrücken unbeirrt weiterzufahren. Unsere Strecke führt nun auf die Dove (taube) Elbe zu. Von ihr wenden wir uns rechts. Links überquert die Blaue Brücke diesen Wasserlauf. Hier ist der Abstecher beinahe ein

Muß. Blaue Brücke heißt diese Verbindung zwischen Neuengamme und Curslack auf Grund ihrer Farbe. Wir nehmen sie als Abstecher von unsrer Tour, der jedoch die zusätzliche Zeit wert ist. Dabei lernen wir das im späten 12. Jahrhundert entstandene Dorf Curslack (etwa zugleich mit Altengamme) kennen.

Info

**Curslack** verwöhnt uns mit einigen Glanzpunkten. Einer davon ist am Curslacker Deich 148 das Freilichtmuseum „Rieckhaus". In diesem Hufnerhaus aus dem 16. Jahrhundert (1553), das erheblich restauriert wurde und Teil des Altonaer Museums ist, befindet sich eine Zusammenstellung von der Ausstattung mit Gerät und Mobiliar, wie es ein altes Vierländer Bauernhaus besaß. Das Rieck-Haus gehört zu den ältesten dieser Art, die erhalten blieben, dem es auch an der Scheune aus der gleichen Epoche nicht fehlt. Einen Schornstein hatten die Häuser damals noch nicht, sodaß im Rauch das Fleisch konserviert werden konnte. Wenn wir den Curslacker Deich entlangrollen, finden wir mit den Häusern Nr. 47 und 112 (und weiteren) ebenfalls sehenswerte Häuser von einst. Auch Curslacks Kirche gehört zu den Attraktionen des Alten Landes. Ursprünglich entstand die Kirche im Mittelalter. Sie wurde jedoch um 1600, diesmal im Fachwerk, neu erbaut. Bevor sie dann 1800 erweitert wurde, hatte sie 1761 einen hölzernen Glockenturm erhalten, ein barocker Bau, der sich in einer durchaus originellen Form zeigt. Auf einen viereckigen Holzunterbau sind zwei ausschweifende Dachgruppierungen gesetzt, über denen ein holzgeschindelter achteckiger Pyramidenhelm in die Höhe steigt. Auch innen ist allerlei zu sehen. Eine hölzerne Kanzel von 1799, ähnliche schmiedeeiserne Hutständer wie in Altengamme. Man könnte sagen, daß die Kirche sich durch ein halbes Dutzend Jahrhunderte zieht. So gehört denn Curslacks Kirche zu den beliebtesten Fotomotiven des Alten Landes. Nehmen Sie also gegebenenfalls die Ausrüstung dafür mit.

Jetzt wird es natürlich Zeit, daß wir uns nach einem Abstecher von 6 km aus Curslack zurückziehen und wieder in unsere Hauptstrecke - an der Blauen Brücke! - einmünden. Wir radeln am Neuengammer Hausdeich entlang, der einen Abzweig der Dove Elbe überquert. Er ist seinerzeit von KZ-Häftlingen angelegt worden. Jetzt freuen wir uns an den alten Bauernhäusern, die den Neuengammer Hausdeich säumen. Auch hier sollte der Fotoapparat nicht fehlen. Wir achten zum Beispiel auf die Häuser 81 (45 m lang) mit dem nahen Speicher von 1580. Nur noch drei dieser Art gibt es heute. In diesem Speicher befindet sich als zusätzliche Attraktion eine tatsächlich große „Grootdöns", also Diele, nach der wir uns umschauen sollten. Von den zahlreichen betrachtens- und fotografierenswerten Häusern (falls die Sonne richtig steht...) ist auch die Nr. 49 eine Besichtigung wert.

Sicher erkennen wir die Straße, über die wir jetzt geradeaus quer entlangfahren, wieder. Es ist der Neuengammer Marschbahndamm, mit dem wir vorhin Kontakt gehabt haben. Zunächst fahren wir noch nicht zur belebten Elbdeichstraße, sondern wenden uns am Gasthof zum Elbdeich links im Zug des Altengammer Elbdeichs. (Unkundige können diese sich ähnelnden Straßennamen leicht verwechseln.) Wir stoßen kurz auf den Hauptdeich. Nun hängt es davon ab, ob wir Altengammes Kirche schon kennengelernt haben. Jetzt wäre der Augenblick, das noch nachzuholen. Der Kirchenstegel führt nach links zu ihr. Ist sie uns aber schon vertraut, warten wir, bis links der Gammer Weg abzweigt.

Über 3 km fahren wir mit ihm durch eine Folge anmutig-schlichter Häuser, während linkerhand freier Blick über Wiesen und Vieh offen ist. Auch der folgende Horster Damm nach rechts verbindet Hausgrundstücke mit kleinen Waldstückchen und Wiesen. Wer baden will, achtet auf den Wegweiser zum Sommerbad nach links. Pferde und Rinder auf den Koppeln begleiten uns mit dem Horster Damm zum Marschbahndamm. Vor dem Altengammer Hauptdamm wenden wir uns nach links.

Wer rasch nach Geesthacht zurück will, erreicht über den Horster Damm den Schleusenkanal. Sonst ist es genüßlicher, vor dem Altengammer Hauptdamm links den Eschenburger Weg zu nehmen. Mit ihm fahren wir durch ein eingezäuntes Waldstück nach Norden. Einen Kilometer weiter führt uns der Knollgraben nach rechts durch das Landschaftsschutzgebiet der Besenhorster Sandberge. Rechts von der Straße leitet uns ein geschotterter Feldweg am Waldrand entlang. Allerdings müssen wir damit rechnen, daß er uns ein paar Fahrprobleme macht, vor allem bei feuchtem Wetter. Aber es handelt sich nur um 1,5 Kilometer, die wir bis zur Asphaltstraße brauchen.

An der Gabelung radeln wir rechts und überqueren die B 404. Dann liegt links die Hans-Mayer-Siedlung. Mit den Straßen Am Knollgraben und Am Moor, vorbei an Bahnlinie und Christuskirche, bringt uns die Straße Neuer Krug zu Geesthachts Stadtmitte mit der Post und der Bahnstraße, wo irgendwo unser Wagen wartet.

## Aus Winsen kam Goethes Freund Eckermann

Stadt zwischen Elbe und Heide

Keine 5 Kilometer trennen Winsen von der Elbe, der das Flüßchen Luhe zuläuft. Mit der Luhe wird Winsen näher bestimmt, denn es gibt ein zweites Winsen an der Aller in der südlichen Heide bei Celle. „Unser" **Winsen**, das seit rund 700 Jahren bereits eine Stadt ist und heute immerhin 27.000 Einwohner zählt, hat seit 1972 dreizehn Dörfer um sein Schloß geschart und dehnt sich über beachtliche 108 qkm aus.

Wo immer wir hier radeln: wir bleiben innerhalb von Winsen! Aber in seinem Süden erreichen wir bereits die Schwelle der Lüneburger Heide. Von der Stadtmitte bis Lüneburg trennen uns nur 20 Kilometer! Solche Maßstäbe sprengen die Vergangenheit, in der die Luhestadt trotz ihrem Schloß aus dem 16. Jahrhundert mehr eine Ackerbürgerstadt war als eine Mini-Residenz.

Wenn Winsen aus dem Gleichmaß der norddeutschen Landstädte herausragt, dann verdankt es das in erster Linie seinem größten Sohn, dem Schriftsteller und Goethe-Freund **Johann Peter Eckermann** (1792 - 1854). Dichterischer Ehrgeiz, der nie erfüllt wurde, führte Eckermann 1823 nach Weimar zu Goethe, dessen letzte Lebensjahre er begleitete. Durch die Aufzeichnung seiner Gespräche mit dem Dichter hat er unser Bild von Goethe maßgeblich geprägt, obwohl das Werk weder zu Eckermanns Lebzeiten noch danach ein „Bestseller" wurde. Wer es heute zur Hand nimmt, wird es mit Genuß und Bereicherung lesen. Es gehört zu den Büchern, die viel genannt, aber wenig gekannt werden. Mit ihm ist Eckermanns Schicksal verbunden.

Er kam aus kleinen Verhältnissen: der Vater Hausierer, er entweder sein Helfer oder Hütejunge. Wenn er das stolze Schloß der 200 Jahre früher 1592 - 1617 hier residierenden Herzogin Dorothea von Lüneburg in seinem Städtchen vor sich sah, hätte er sich nie träumen lassen, einmal im Schloß von Weimar wohlgelitten zu sein. Aber seine Gedanken kreisten um Goethe. Die Hütte, in der er geboren wurde, verfiel in unseren Tagen dem Abriß, wenn auch ein dort errichteter Neubau mit seiner Tafel darauf hinweist.

In der Stadtmitte widmete ihm die Stadt aus Anlaß seines 100. Todestages (1954) ein schlichtes Denkmal mit Sätzen aus den Gesprächen mit Goethe.

Von diesem Denkmal sind es nur wenige Schritte zu Winsens anderen Sehenswürdigkeiten. Vom **Schloß** war schon die Rede. Es wuchs aus einer ehemaligen Wasserburg, deren Gräben es noch mitsamt seinem Marstall umrahmen. Der stattliche Backsteinbau lohnt sicher einen Blick, aber nach inneren Kostbarkeiten sucht man vergebens.

Ähnlich verhält es sich mit Winsens ebenfalls greifbar naher **Kirche**, die Ende des 14. Jahrhunderts aus Backsteinen errichtet wurde und ihren Westturm erst vor einem Jahrhundert (1886) erhielt. Die Innenausstattung ist neueren Datums. Vergessen wir nicht, daß Winsen im 16. und 17. Jahrhundert zweimal durch erhebliche Brände heimgesucht wurde, so daß der Bestand älterer Häuser mit Format (die ohnehin rar waren) gering ist. Dennoch nimmt das Kleinstadtkolorit (mit einer Konditorei, deren Name aus Hamburg bekannt ist) behaglich gefangen.

**5**

# Durch die Winsener Marsch radeln

## Elbdeich und Elbfähre einbezogen

### Toureninfos

km etwa 26

START Von Winsens Bahnhof an der Strecke Hamburg - Lüneburg, Fahrzeit ab Hamburg Hauptbahnhof 30 - 45 Minuten.

Diese Winsen-Tour vermittelt gegensätzliche Eindrücke: Elbdeich mit Fährverkehr nach Zollenspieker, einsame Marschstrecken mit Wasserläufen und Obstplantagen, Winsen mit Tradition und Eckermann-Erinnerung. Nur wenige geringe Steigungen.

Vor allem in Winsen vielseitige Auswahl, aber auch in Pattensen (Maack-Kramers Landgasthof), Scharmbeck („Gasthaus Kruse"), Hoopte („Fährhaus" mit Elbblick), Stöckte (Gartenrestaurant „Stöckter Deich"), einige mit Übernachtung. In Winsen gute Konditorei Kaul.

In Winsen Hallen- und Freibad Bürgerweide.

Heimatmuseum im Marstall, Di - Fr 15 - 18, Sa + So 10 - 13, 15 - 18, Mo geschlossen.

Stadtverwaltung und Stadtarchiv, Schloßplatz 1, 21 423 Winsen, Tel. 04 171 / 65 70, Fax 65 71 68.

Wenn wir von Winsens Bahnhof abfahren, müssen wir zunächst 50 m links unser Rad durch den Tunnel unter den Gleisen befördern und wieder ans Tageslicht bringen. Jetzt kann es richtig losgehen, indem wir uns an die Straße „Am Bahnhof" parallel zu den Schienen halten. Der geteerte Weg geht in einen Schotterweg über, der für Autos gesperrt ist. Wir blicken auf Stadthalle und Schützenhaus. Bei der Gabelung wenden wir uns rechts zum Wald, durchfahren ihn bis zum Rand, wo wir auf den querlaufenden Borsteler Weg stoßen. Ihm folgen wir erst rechts und auf der Höhe der Telefonzelle links. Durch die Wohnsiedlung halten wir uns im Rechtsbogen. Nach Feldern überrollen wir einen unbeschrankten Bahnübergang (nur Güterverkehr), einen Graben und folgen rechts der breiten Osttangente. An unserer weiteren Strecke liegen ein eingezäunter Teich, eine Ampelkreuzung und eine Brücke der A 250, unter der wir hindurchfahren. Nun schließt sich ein Waldstück an, hinter dem wir uns rechts halten und durch eine rotweiße Straßensperre am Waldrand bleiben. Der Brümmelkamp führt uns nach Luhdorf. Hier stoßen wir erneut auf die Schienenstrecke, die wir bereits einmal passiert haben. Luhdorfs Name kündigt schon an, daß wir im Bereich der Luhe sind.

**Info**

Die **Luhe**, die in mehreren Ortsnamen (auch das reitsportfreundliche Luhmühlen) auftaucht und teilweise kanalisiert ist, gehört zu den anmutigsten Flüßchen der Heide und schlängelt sich aus der Nähe von Bispingen, wo Quellteiche ihr Ursprung sind, nach Norden. Kurz vor der Elbe mündet sie in die Ilmenau. Wichtigste Luhe-Stadt ist Winsen. Eine ungewöhnliche Landschaft können wir bei Luhdorf beobachten, die „Sandberge", Dünen, wie man sie hier kaum erwartet. Es gibt sie auch in anderen Teilen der Heide. Es handelt sich um Aufschüttungen von Flugsand, der sich nach der letzten Eiszeit abgesetzt hatte. Ihre Anhäufung soll im 16. Jh., möglicherweise gefördert durch einen Sandsturm, erfolgt sein.

In Luhdorf radeln wir zur Radbrucher Straße, wobei wir parallel zu den Schienen bleiben. Dann überqueren wir die Gleise nach rechts und halten uns nach 350 m an der Querstraße links. Damit kreuzen wir über eine Brücke den Luhe-Kanal. In den Luhdorfer Twieten, durch einen Wegweiser angekündigt, befindet sich der mit einer Elchschaufel markierte „Masurenhof", eine Visitenkarte des verlorenen Ostpreußen. Von Luhdorf aus verläuft unsere Strecke in westlicher Richtung, wobei wir ein weiteres Kanalstück überqueren. Unser nächster Zielort ist Pattensen. Der Weg dorthin führt weithin durch Felder. Bevor unsere Straße links abbiegt und die Bahnstrecke quert, achten wir auf den Hochspannungsmast. Hinter ihm führt ein schmaler geteerter Weg am Waldrand entlang, der nach einer S-Kurve in einen Schotterweg übergeht, auf dem wir unter hohen Eichen fahren. Hinter einer neuen S-Kurve öffnet sich ein weiter Ausblick. Jetzt rollen wir auf einer Betonpiste geradeaus weiter. Links von uns laufen parallel die Bahnstrecke und Fahrstraße. Über einen geschotterten Querweg öffnet sich der erste Ausblick auf Pattensen, wobei ein Silo und der Dachreiter der Kirche sich zeigen.

Wir dürfen dieses **Pattensen** nicht mit dem größeren und historisch bedeutenderen Pattensen im Kreis Springe verwechseln. „Unser" Pattensen schmückt sich aber auch mit einer ansehnlichen Kirche. Der mittelalterliche Bau brannte 1627 ab, wurde aber schon im nächsten Jahr als Fachwerkschiff erneuert. Den frei danebenstehenden geschindelten Glockenstuhl errichteten die Pattenser freilich erst 1850. Zwar ist die Kirche gewöhnlich verschlossen, aber wir können durch eine verglaste Tür ins Innere schauen. Auch dieser Ort mit seiner Kirche gehört zur Stadt Winsen.

Durch die Blumenstraße zurück radeln wir ans Dorfende und wenden uns rechts in den Allernweg, sodaß wir der lebhafteren Fahrstraße entgehen. Pferde und Rinder begleiten unsere Strecke. Nach einem Kilometer erreichen wir eine Kreuzung und nehmen hier Kurs nach links, also nördlich, mit geringem Anstieg. Wenn wir einen Kilometer weiter nach Scharmbeck kommen, dürfen wir das Dorf nicht mit Scharnebeck (Schiffshebewerk) verwechseln, das in Richtung auf Lüneburg liegt. Im Zug der Scharmbecker Dorfstraße halten wir uns rechts und stellen gern fest, daß es sich um ein besonders gepflegtes Dorfensemble handelt. Der hier befindliche „Gasthof Sander" besteht seit 1866. Wenn wir Scharmbeck verlassen haben, unterqueren wir

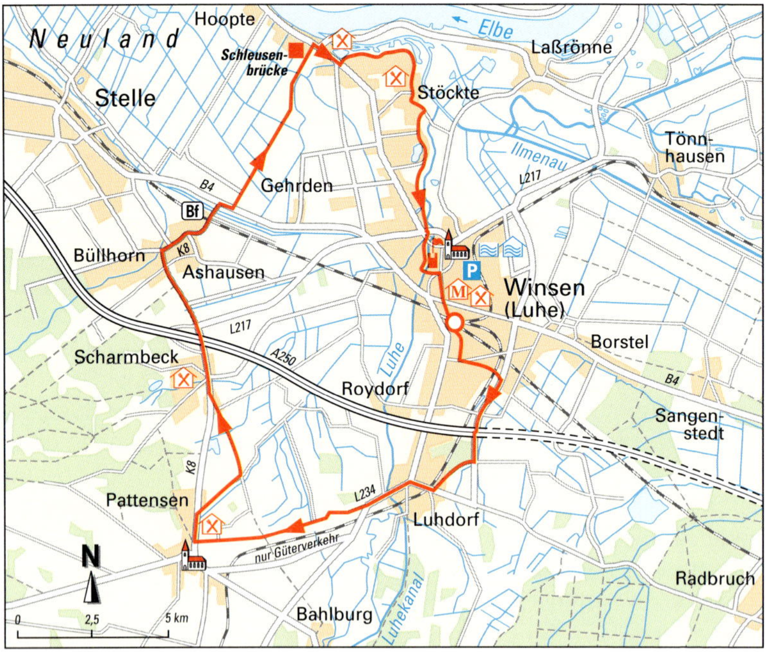

Die Kirche von Pattensen gehört zu den überraschenden Eindrücken an der Strecke

eine Brücke der A 250 und erreichen über eine Ampelkreuzung den Radweg, der uns nach Ashausen führt. Im Rechtsbogen durchqueren wir dieses Dorf.

Dem Ende zu führt uns ein Radweg über die Brücke der Bahnstrecke Hamburg - Lüneburg, wobei wir kurz auf- und abwärts radeln und auf die B 4 stoßen. Mit ihr fahren wir 200 m nach rechts in Richtung auf das zu Gehrden gehörende Hoopte. Mit dem Geestwiesenweg links durchrollen wir zügig auf schnurgerader Strecke die weite Marschlandschaft. Beim Straßenbelag wechseln Verbundsteine und Teerdecke sich ab. An der Strecke entdecken wir einige Obstplantagen. Über eine Schleusenbrücke haben wir nach 3 Kilometern Hoopte erreicht. Die Querstraße „Hoher Morgen" steigt links zum Hoopter Elbdeich an.

Tip

Wir sind hier an einer Fährstation zum jenseitigen Elbufer bei Zollenspieker, wo früher einmal zugleich eine Zollstation war. In Ermangelung einer Brücke verkehrt hier alle halbe Stunde eine **Autofähre**, die für Handel und Wandel von Vierlande und Winsener Marsch lebensnotwendig ist. Die schwere Sturmflut des Jahres 1972 machte es notwendig, in Hoopte ein Sturmflutsperrwerk zu errichten.

Am Fährhaus vorüber folgen wir dem Elbdeich nach Osten und rollen rechts an der Schleuse und dem DLRG-Haus entlang. Die Hoopter Straße läßt uns auf ihrem Fuß-Radweg durch Stöckte rollen. Literaturfreunde werden sich erinnern, daß in diesem Dorf der Schriftsteller Ernst von Salomon (1902 - 1972) wohnte.

Info

**Ernst von Salomon** gehört zu den interessantesten Persönlichkeiten des deutschen Lebens. Als junger Radikaler nahm der gebürtige Kieler 1922 am Rathenau-Mord teil und wurde dafür verurteilt. Der Verleger Rowohlt ebnete ihm danach den Weg in die Literatur. Seinen größten Erfolg errang er um 1951 mit dem „Bestseller" aus der Zeit zwischen den Weltkriegen „Der Fragebogen". Kurz danach siedelte er sich in Stöckte an und wurde in der Nähe von Lüneburg begraben. Sein Roman vermittelt bis heute ein wichtiges Stück Zeitgeschichte.

Wenn wir durch Stöckte radeln, folgen wir hinter dem Abzweig nach Laßrönne dem Luhe-Wanderweg. Wir fahren am Hafen und an der stellenweise verschilften Ilmenau entlang. Unterhalb des Deiches liegen behagliche Grundstücke. Die Fahrt über den asphaltierten Deich ist ein kurzes Stück unterbrochen. Wir können uns in Stöckte entscheiden, ob wir über den Deich der Luhe rollen, der nach dem Ort geschottert ist, oder vor dem Deich den asphaltierten Weg benützen. Begleitet von einem romantischen Teich und einer Vielzahl von Gewächshausanlagen radeln wir im Linksbogen den Deich entlang. Bald erblicken wir Winsens Kirchturm.

Sobald der Deich in Winsen ein Ende nimmt, erreichen wir eine sechsfache Kreuzung. Über sie hinweg orientieren wir uns schräg links in die Deichstraße. Vor der Luhe biegen wir rechts in den Schusterwall und weiter in Eppens Allee. Beim Abzweig des Gartenwegs nach rechts wenden wir uns nach links und achten auf die dritte Fußgängerbrücke links. Über sie hinweg radeln wir durch den Park, der eine Eis- und Rollschuhbahn besitzt, und nehmen über den Schloßring unseren Kurs in den Gummweg, der für Autos nicht frei ist. Die anschließende Bahnhofstraße führt uns zum Bahnhof zurück.

## Tips für Heide-Radler

Zu den stärksten Naturerlebnissen des Nordens gehört die Tour in die Lüneburger Heide mit ihrem 23 qkm großen **Naturschutzpark**. Er zieht sich im Umkreis des höchsten Heidebergs (Wilseder Berg, 169 m) hin und ist der erste, der wenige Jahre vor dem Ersten Weltkrieg in Deutschland begründet wurde. In diesem Gebiet ist Autoverkehr nicht gestattet.

Wer nicht zu Fuß wandert, kann sich von einem Pferdewagen befördern lassen oder eben mit dem Rad fahren. Asphaltierte Wege suchen wir vergebens. Autofahrer finden am Rand des Naturschutzparks Parkgelegenheiten. Allerdings weist der Verein Naturschutzpark darauf hin, daß Radwandermöglichkeiten begrenzt sind, „da sich die Sandwege, die gleichzeitig von Wanderern genutzt werden, hierfür kaum eignen." Diese Warnung gilt für die hier geschilderte Tour nicht. Aber auch solche Einschränkungen haben das ursprüngliche Gesicht der Heide nicht unverändert gelassen. Das Verhältnis zwischen Wald- und Heidegebieten hat sich im Lauf unseres Jahrhunderts erheblich geändert.

Auch die Zahl der hier grasenden („schnuckenden") **Heidschnucken**, einer Schafsrasse mit Hörnern, ist gewaltig zurückgegangen: von vielen 100.000 auf wenige tausend. Früher sorgten außer den Schafen auch noch die Viehherden der Heidebauern dafür, daß Wald nicht überhand nahm. Der Charakter der ursprünglichen Heide muß durch künstliche Pflegemaßnahmen erhalten bleiben.

Zu den typischen Strauchgewächsen der Heide gehört auch der **Wacholder**, der insbesondere im Totengrund unterhalb des Wilseder Berges besonders schön zur Geltung kommt. Für Radfahrer wie für Wanderer gilt das Gebot, daß die vorgesehenen Wege nicht verlassen werden dürfen. Die Hauptwege weisen gelegentlich Kopfsteinpflaster oder gut mit dem Rad befahrbare Ränder auf. Freilich wird die Befahrbarkeit der Wege auch durch die wechselnden Wetterverhältnisse beeinträchtigt.

Wer die Einsamkeit der Heide sucht, muß wissen, daß zur Zeit der Blüte der Besenheide (calluna vulgaris) im Frühherbst (je nach Wetterablauf etwas schwankend) erhebliche Touristen- und Wandererscharen (und nicht immer ganz leise) durch die Heide schwärmen. Das erleichtert naturgemäß auch das Radfahren nicht unbedingt. Wer also die Heideblüte schon kennt, tut gut daran, außerhalb der „Heidesaison" zu fahren.

Ein etwas profaner Rat zum Schluß der Tips: Überall in der Heide stehen zwei kulinarische Genüsse auf den Speisekarten: Heidschnucken in gebratener Form, die in ihrem Geschmack wildähnlich sind, und als Gebäck zum Kaffee die Buchweizentorte, die mit Sahne angereichert ist. Beides auch für Radler bekömmlich!

6

# In die Welt der Heidschnucken

## Zum höchsten Berg einer Radtour von Hamburg

### Toureninfos

km etwa 31 km

START Anfahrt mit Pkw bis Hanstedt, Parken an der Kirche. Auch Bus möglich.

Auch wenn die Strecken im Naturschutzpark autofrei sind, lassen sich die Steigungen zur Höhe des Wilseder Berges (169 m ) nicht vermeiden. Es gibt auch ein paar unbequeme Strecken. Fahrstraßen sind häufig mit Radwegen verbunden.

In Hanstedt und Undeloh ist das Angebot am mannigfaltigsten. In Wilsede: Gasthaus zum Heidemuseum, Döhle: Aevermannshof, bei Egestorf: Hof Sudermühlen, Kaffeegarten, Nindorf: Restaurant am Wildpark.

Hanstedt: Waldschwimmbad, Egestorf: Waldschwimmbad, Undeloh mit Badegelegenheit.

Wilsede: Heidemuseum „Dat ole Huus", täglich 10 - 12 und 14 - 17 (1.5. - 31.10.) Undeloh: Kirche im Sommer 9 - 18, sonst nur Sa und So, evtl. Schlüssel im Pfarrhaus.

Verkehrsverein, Am Steinberg 2, 21 271 Hanstedt, Tel. 04184 / 526, Fax 76 95. Undeloh: Verkehrsverein, Zur Dorfeiche 27, Tel. 04189 / 333.

Nun aber radeln wir von Hanstedts Kirche durch die Rathausstraße auf Ollsen zu. Vorher aber freuen wir uns noch an dem Heidschnuckenbock, dessen Plastik vor dem Amtsgebäude steht. An der Weggabelung fahren wir links in die Schloßstraße, die uns durch ein neueres Wohngebiet zum Ende des Ortes führt.

Damit erreichen wir die Ollsener Heide, durch die im Tal der Schmalen Aue eine geschotterte Straße führt. Wir passieren Viehkoppeln, einen Fischteich und einige dem Wald abgerungene Grundstücke. Wenn wir nun auf einen Querweg, den Auetalweg, stoßen, lassen wir uns von ihm aus dem Wald auf Ollsen zuführen.

Nachdem wir von Hanstedt 3 Kilometer hinter uns haben, nähern wir uns mit einem Teerweg am Waldrand und danach einer doppelten Betonspur dem Heidedorf Ollsen. Hier an der Querstraße (mit Steintisch und Picknickplatz) erreichen wir erst links und dann rechts den Forstweg, mit dem der Naturschutzpark sozusagen offiziell beginnt. Erster Güte ist der mit Besenginster gesäumte Weg zum 2 km entfernten Undeloh nicht, das zu den beliebtesten (und daher auch besuchtesten) Heideorten gehört.

Info

Das zum Kreis Harburg zählende Dörfchen **Undeloh** mit 850 Einwohnern hat seinen Ruf durch seine Feldsteinkirche von Ende des 12. Jahrhunderts, die zum Teil auch in Fachwerk erbaut ist, nachdem der östliche romanische Teil im 17. Jahrhundert eingestürzt war und erneuert werden mußte. Das behagliche Kirchlein wird gern für Hochzeiten aufgesucht. Der frei danebenstehende Glockenturm ist älteren Datums, man schätzt 15. Jahrhundert. Vor wenigen Jahren wurde er grundlegend restauriert. Da die Kirche ständig geöffnet ist, können wir uns im Inneren umsehen. Wenn wir Glück haben, wird vielleicht gerade die klangvolle (neue) Orgel gespielt. Auf ihr wurde schon viel Hochzeitsmusik intoniert. Im Inneren erblicken wir ein Triumphkreuz des 13. Jahrhunderts, das in der Mitte zwischen Romanik und Gotik steht. Wem dieses stimmungsvolle Kirchlein nicht gefällt, hat wohl keinen Sinn für dörflich-kirchliche Romantik, wie sie uns der Norden vermittelt. - Wieviel Zeit und Interesse wir für die reichlichen Souveniranangebote am Ortsrand wie im Ort aufwenden wollen, ist jedem überlassen.

Jetzt treten wir auf der Wilseder Straße wieder in die Pedale und achten auf die mit Findlingen verbundenen Wegweiser für unsere Weiterfahrt. Wir finden diese schlichten und geschmackvollen Richtungsmarkierungen im ganzen Naturschutzpark und können uns auf ihre Hilfe verlassen. Der, den wir jetzt brauchen, zeigt mit der Aufschrift Wilseder Berg spitzwinklig rechts in einen von Wurzeln durchfurchten Waldweg, den wir mit gebotener Vorsicht befahren müssen. Mit der durch Kutschenspuren (oft warten hier schon die Pferdegefährte) markierten Kreuzung halten wir uns links und am Waldrand rechts, immer mit dem Kurs zum Wilseder Berg. Wobei wir hier einfügen müssen, daß Wilsede nicht auf der zweiten, sondern auf der ersten Silbe betont werden soll.

Wir müssen uns ganz schön konzentrieren, um die Bergstrecke (mit oder ohne Mountainbike) zu bewältigen. Der Höhenunterschied beträgt von der Kirche ab bis zum Gipfel immerhin nahezu 100 Meter! Aber nicht nur des Ausruhens, sondern der Umblicke wegen sollten wir die Höhenstrecke nicht verbissen in einem Stück bewältigen. Geradlinig führt uns der Weg durch Heide und Wacholder nach oben. Wie lange wir dafür brauchen, hängt von unserer Kondition ab. Vielleicht erinnern wir uns an einen früher im Alpenraum weit verbreiteten Gruß zwischen den Aufsteigern und den Abwärtswanderern: „Zeit lassen!" Den sollten wir beherzigen. Ob wir kleineren Kindern diese ansteigende Strecke zumuten sollten, ist jedermanns Sache.

Info

Zwischen dem Dorf Wilsede und dem **Wilseder Berg** besteht ein Höhenunterschied von 45 Metern. Der kahle Berg diente zu Napoleons Zeiten als Standort für einen Zeigertelegrafen von Berghöhe zu Berghöhe. Aus ähnlichen Überlegungen wählte der Mathematiker Carl Friedrich Gauß (1777 - 1855) ein Jahrzehnt später

**Info**

den Berg für seine Vermessungen (1822). Der 1964 hier gesetzte Gauß-Stein erinnert daran. Den neu begründeten Verein „Naturschutzpark" kostete der Erwerb des Berges als Zentrum des Landschaftsschutzes im Jahr 1910 die gewaltige Summe von 100.000 Goldmark, heute ein Millionenbetrag. Umweltschützer gab es nämlich schon lange vor den heute aktiven „Ökologen". Der auf dem Gipfel stehende Beobachtungsturm hat eine wichtige Aufgabe für die Umwelt, nämlich die Ausschau in Trockenzeiten nach etwa irgendwo entstehenden Heidebränden. Als Aussichtsturm für Touristen ist er nicht bestimmt. Das nahe Dorf Wilsede mit seinen wenig mehr als 40 Einwohnern verbindet Gelegenheiten zur Einkehr oder Übernachtung (35 Betten) mit dem in einem Bauernhaus des 18. Jahrhunderts gelegenen Museum „Dat ole Huus" (es stammt aus Hanstedt), in dem wir alle Lebenspraktiken der „Heidjer" kennenlernen.

Von Wilsede stehen uns verschiedene Wegmöglichkeiten offen. Zu den beliebtesten Strecken gehört die durch Buchenwald führende nach Döhle. Wenn wir jedoch die Richtung Sudermühlen einschlagen wollen, biegen wir von der Richtung Döhle auf den (siehe Findling!) abzweigenden Pastor-Bode-Weg.

**Info**

Wer sich nicht auskennt, wird nach der Bedeutung dieses **Pastors Bode** fragen. Er ist nicht mehr und nicht weniger als der geistige Vater des Naturschutzparks, ein für die Natur streitender Gottesmann, der seinen Schäflein in Egestorf ganz schön auf die Nerven ging. Denn er wetterte gegen kommerzielle Absichten auf die Heidelandschaften und suchte und fand Helfer, die publizistisch und mit Geld im ersten Jahrzehnt unseres Jahrhunderts den Grundstock für den Schutz der Heidenatur legte, wodurch uns beispielsweise der sogenannte Totengrund mit seinen mahnenden Wacholdern erhalten blieb. In Amerika hätte man um diesen Pastor längst eine Heldensaga in Roman- oder Filmform geknüpft, während bei uns allenfalls ein paar Heidebesucher von ihm Notiz nehmen und viele nicht einmal ahnen, was der pastorale Weg soll.

Mit diesem Weg überqueren wir eine Kreuzung und folgen den Hinweisen nach Sudermühlen. Wir müssen zwar an einem Brettersteg absteigen, schlagen uns aber mit Erfolg durch Wald und Heide zu dem links abzweigenden Dr. Koch-Weg durch. Der führt uns bis Sudermühlen, wo wir die Schmale Aue überqueren.

**Tip**

Der „Hof Sudermühlen", das beliebte Hotel-Restaurant und **Ausflugslokal**, geht auf eine alte Wassermühle von 1817 zurück, deren Mühlenteich erhalten blieb. Der gastliche Hof mit 35 Zimmern gehört zu den besuchten Eß- und Schlafgelegenheiten der Heide, eine Art Gegenstück zu dem weiter südlich gelegenen „Heide-Kröpke". Angereichert ist der Hof mit den Kaufmöglichkeiten von Bildern und Kunstgewerbe. Reiter besuchen gern das Gestüt.

Wir radeln von der Aue-Brücke am Parkplatz vorüber und erreichen auf der Teerstraße das nahe Sahrendorf. Es liegt an der einstigen Poststraße zwischen Celle und Harburg. Wenn wir die Ortsmitte erreicht haben, folgen wir der Querstraße nach Schätzendorf. An Fischteichen vorüber radeln wir bis zum Ortsende durch das Dorf. Unser nächstes Ziel durch eine bewaldete Hügellandschaft ist Nindorf. Mit dem Radweg erreichen wir den Wildpark Lüneburger Heide.

**Info**

Er umfaßt 50 Hektar und zeigt in einer natürlichen Landschaft alle Großwildarten Europas. Mit seinen mehr als 1.000 Tieren hat er den Ruf, der größte deutsche **Wildpark** zu sein. Allerdings mag mancher die exotischen Raubtiere vermissen. Für Kinder bilden Begegnungen mit Haustieren und Spielplätze ein willkommenes Ziel. Trockenes Brot soll nicht verfüttert werden, sondern kann am Eingang als Tierfütterung gespendet werden. Also: geeignete Brotreste mitnehmen!

Wir werden hier bestimmt länger bleiben, als wir uns vorgenommen haben. Zur Weiterfahrt folgen wir dem Radweg, der uns hergebracht hat, und biegen 500 m hinter dem Zugang zum Tierpark links auf dem Fastweg in den Wald. Linkerhand liegen die Gebäude der Hamburgischen Wasserwerke (HWW). Wir bleiben auf dem geschotterten Waldweg und biegen an der Kreuzung links abwärts. Der Weg durch den Wald ist nicht gerade ideal. Wenn er sich gabelt, fahren wir rechts und am Waldrand entlang. Wir queren die folgende Kreuzung und radeln durch die aufeinanderfolgenden Felder und Viehweiden. Etwa nach einem Kilometer von der Kreuzung haben wir die Straße nach Hanstedt erreicht. Hier bringt uns der Radweg, am Ortsschild vorbei, in den Ort und zu dem schon von weitem erblickten Ziel, dem Kirchturm.

**7**

## Heidefahrt an der Seeve

### Mit einem erstaunlichen Kunsterlebnis

**Toureninfos**

km etwa 35 km, dazu Abstecher von 1 - 2 km

START Anfahrt mit Bus oder Pkw bis Hanstedt

Kunststätte in der Heide bei Jesteburg, die der Bildhauer und Maler Bossard anlegte

Die Seeve gehört zu den anmutigen Heideflüßchen und entspringt im Naturschutzpark nordwestlich des Wilseder Berges. Sie mündet nahe der Stadt Seevetal in die Elbe. Ab Jesteburg ist sie bei Kanufahrern beliebt. Unsere Fahrstrecke wechselt durchweg mit leichten Steigungen und Gefälle ab, sodaß sie Abwechslung bietet.

Zahlreiche Möglichkeiten in Hanstedt und in Jesteburg. Seevetal: im Ortsteil Hittfeld. Dazu Holm „Zur Erholung" und Handeloh „Restaurant Fuchs".

Hanstedt: Waldschwimmbad, Jesteburg: temperiertes Freibad, Hallenbäder in einigen Hotels.

Kunststätte Bossard in der Umgebung von Jesteburg, März-Okt: Di - Fr 9-17, Sa/So 10-18; Nov -Febr: Di - So 10-16 (Führungen Tel. 04183/5112).

Verkehrsverein Hanstedt, Am Steinberg 2, 21 271 Hanstedt, Tel. 04184 / 526, Fax 76 95. Verkehrsverein Jesteburg, 21 266 Jesteburg, Tel. 04183 / 53 63. Gemeindeverwaltung Seevetal, Kirchstraße 11, 21 218 Seevetal (im Ortsteil Hittfeld), Fax 55 290.

Von Hanstedts Kirche schlagen wir auf dem Fuß-Radweg die Richtung Jesteburg ein. Dazu benützen wir die Straße „Bei der Kirche" und Harburger Straße. Am Ortsende beginnt neben der Straße ein Radweg, der am Gewerbegebiet und dem Fach-Krankenhaus vorüberführt. Im Zug der Strecke erreichen wir nach abwechslungsreicher Fahrt (Gefälle und leichter Anstieg) Asendorf.

Info

Das Dörfchen **Asendorf** mit etwas über 1.400 Einwohnern wird mit seinem Hotel „Zur Heidschnucke", das 1 km außerhalb des Ortskerns liegt, gern besucht; 50 Zimmer. Es gehört zur Kette der Ringhotels. Im Dorf befindet sich ein zur Besichtigung lockender Antiquitäten- und Trödelladen.

Wir setzen unsere Fahrt in Richtung Jesteburg fort, wobei wir die Seeve überqueren. Unser Ziel ist die Ortsmitte mit dem Niedersachsenplatz.

Info

**Jesteburg**, ein Ort von 6.000 Einwohnern, hat einen Namen als Luftkurort und liegt am Rand des Kleckerwaldes. Es ist stark vom Tourismus geprägt, an den sich zahlreiche Lokale und Geschäfte wenden. Aber - insbesondere am Niedersachsenplatz - auch die traditionellen Reetdachhäuser der Heide fehlen nicht. Der Platz mit seinen Eichen gehört zu den reizvollsten Ensembles der Heide. Jesteburgs Vergangenheit ist in Dunkel gehüllt. Auch die Kirche reicht nicht lange zurück. Sie entstand um 1840. Aber ihr hölzerner Glockenturm besitzt eine echte Rarität: eine romanische Glocke, die 1190 gegossen wurde und damit als älteste Glocke im Lüneburger Raum gilt. Wer mit Kindern hier ist, wird das mit einem Café verbundene Puppenmuseum nicht versäumen. An sommerlichen Wochenenden geht es manchmal sehr lebhaft zu.

Vom Niedersachsenplatz orientieren wir uns rückwärts, sodaß wir erneut über die Seeve fahren. 200 m weiter biegen wir rechts in den Schierhorner Weg, wobei die Besiedlung allmählich lockerer wird. Durch Felder nähern wir uns dem Waldrand und radeln in den Wald, vorbei an mehr oder minder verborgenen Grundstücken und einzelnen Bänken. Wenn wir von Jesteburg reichlich 2 Kilometer zurückgelegt haben, zeigt an einer Kreuzung ein Findling den geteerten Weg links zum „Kunsttempel Bossard". Nach 200 m auf dem Bossardweg haben wir das Grundstück erreicht, das mit der Geschichte eines ungewöhnlichen Künstlers verbunden ist: Johann Michael Bossard (1874 - 1950).

Info

Das Grundstück, das heute die **Kunststätte** trägt, wurde von Bossard schon 1911 erworben. Der zuständige Landrat genehmigte auf dem 30.000 qm umfassenden Gelände die Bauten, die wir heute sehen. (In unseren Tagen wäre Vergleichbares nicht mehr genehmigungsfähig...!) Es war Bossards Ziel: „Den Heidewanderern,

Info

den sehnsüchtigen jungen Menschen der Großstadt soll zum Naturgenuß der weiten Ebene und des hohen Himmels des niederdeutschen Landes - eine Stätte innerer Einkehr errichtet werden." Überraschend ist es, daß Bossard ein Schlossersohn aus der schweizerischen Stadt Zug war. Nach Studien in München, Berlin und Hamburg begeisterte er sich für die norddeutsche Landschaft und blieb hier. Besorgt war er nur, daß der Trubel im Stil von Worpswede auch die stille Heideeinsamkeit beeinträchtigen könnte. Nach seinem Tod verwaltete seine Frau Jutta (aus Buxtehude, gleichfalls als Bildhauerin tätig) sein Erbe. Nach ihrem Tod 1996 hat der Landkreis Harburg die Betreuung übernommen. Das einmalige Gesamtkunstwerk umfaßt Schöpfungen der Malerei und der Plastik. Ihre Bedeutung reicht über Stilarten und Kunstschulen hinaus. Originalton Bossard: „Wenn man ein Bild sieht, soll man nicht darüber nachdenken, was es bedeutet, sondern das mitnehmen, was es einem gibt." Daher ist jedem, der Kunst im weitesten Sinne liebt, der Besuch zu empfehlen. Eine Überraschung mitten in der Heide...

Nach der Besichtigung kehren wir zur Kreuzung zurück, von der wir abgebogen sind, und radeln auf dem breiten geschotterten Bossardweg am Waldrand geradeaus und weiter im Wald nach Lüllau, wo der Bossardweg endet. Der Radweg führt uns nach links. 350 m weiter biegen wir rechts in die Seevestraße - Richtung Jugendfreizeitheim Weihe. Damit radeln wir parallel zum idyllischen Tal der Seeve. Sie läuft rechts unserer Strecke und ist von Fischteichen begleitet. Nach den sehr unterschiedlichen Wohnbauten von Weihe radeln wir 2,5 km weiter nach Holm. An der Querstraße folgen wir dem Fuß-Radweg mit der Schierhorner Straße bis zur Seevebrücke.

Info

Das hier befindliche **Gut Holm**, das als Gemeinde mit Seppensen zusammen genannt wird, weist zwei bemerkenswerte Bauten auf; eine alte Fachwerkmühle von 1758, deren mächtiges Wasserrad mit seinem Mahlwerk gelegentlich noch betrieben wird. Außer seiner Mühle besitzt das Gut eine kleine Kirche, wie es früher weit verbreitet war, sodaß Gut und Gotteshaus in der gleichen Hand waren. Die Gutskirche ist ein Backstein-Fachwerkbau mit einem Dachreiter.

Nun radeln wir über die Seeve weiter und durch den Wald, so daß wir über die Kreuzung nach links am Waldrand Wörme erreichen. Der Wegweiser an der Gabelung leitet uns nach Wörme im Dorf.

Info

Hier befindet sich ein ländlicher **Ferienhof** mit Reitschule (u.a. Trakehner) und Forellenzucht. Das Hofgelände weist noch ein altes Backhaus auf. Sie sind anderswo leider oft abgerissen worden. Früher waren Dörfer und Güter ohne Backhäuser für den Brotbedarf gar nicht denkbar.

Über Wörme fahren wir geradeaus weiter und überqueren nach einer Strecke von Schotter und Backsteinen den unbeschrankten Bahnübergang. Von der Wörmer Straße biegen wir links auf den Radweg nach

Handeloh. Das anheimelnde Dorf liegt zwischen der Seeve und einem anderen Heideflüßchen, der Este, und verbindet traditionelle Fachwerkbauten mit modernen Häusern. An der folgenden Kreuzung biegen wir links in die Hauptstraße, in deren Verlauf mancherlei Heidespezialitäten zum Kauf angeboten werden. Über die Bahn verlassen wir Handeloh wieder. Bei der Weiterfahrt nach Inzmühlen überqueren wir noch einmal die Seeve, die wir nun also vielfältig erlebt haben. An der folgenden Gabelung schlagen wir die Richtung Hanstedt ein.

Dann geht es über den Weseler Bach und durch Felder und Wiesen, auf denen Pferde grasen, abermals zum 3 km entfernten Holm, das wir ja schon kennen. Jetzt fahren wir auf der Schierhorner Straße nach rechts und auf dem Radweg mit geringem Anstieg bis Schierhorn. Auch hier fehlen die weidenden Pferde nicht. Wenn wir Schierhorn verlassen haben, liegt rechts im Wald ein Teich mit einem günstigen Picknickplatz. Danach geht es bis Dierkshausen auf und ab, teilweise durch halbhohen Mischwald. Zuletzt rollen wir mit Gefälle. Wir passieren den Dorfteich mit dem Fischhof Klipp und einer Galerie und lassen uns abwärts nach Hanstedt, das von seinem Kirchturm angekündigt wird, tragen. Mit der Buchholzer Straße erreichen wir die Kirche.

## Buchholz - Angelpunkt der Nordheide

### Auch gegen das nahe Hamburg behauptet

Sagen wir das Wesentliche gleich zuerst: obwohl **Buchholz** mit seinen heute immerhin 34.000 Einwohnern erst seit knapp 40 Jahren den Rang einer Stadt erhielt und es ihm an glanzvollen Sehenswürdigkeiten fehlt, ist es als Ausgangspunkt für genußvolle Radtouren kaum zu übertreffen. Nun muß man allerdings wissen, daß die bereits 1450 als „Bockholte" in der Geschichte auftauchende Siedlung ihren entscheidenden Aufschwung nahm, als zum Kerngebiet von 1.747 Hektar mit den ländlichen Nachbarorten Dibbersen, Holm-Seppensen, Sprötze, Steinbek und Trelde stolze 5.701 ha hinzukamen.

Aber gerade die Nähe von Hamburg und die günstige **Verkehrslage** an der Strecke Hamburg-Bremen verleiht Buchholz seinen Rang als Ausgangs- und Angelpunkt für Hamburgs westliches Umland. Nicht mehr als 25 Minuten Bahnfahrt trennt Hamburgs Hauptbahnhof von Buchholz, auch wenn wir hier das „Fahrrad am Bahnhof" vergeblich im Angebot der Deutschen Bundesbahn suchen. Für den Autofahrer liegt Buchholz nicht minder günstig. Die Autobahnen A 7 im Osten und A 1 im Norden führen dicht an Buchholz heran. Nicht wenige Heidewege münden einladend direkt bei Buchholz. Stichworte sind die Landschaften Stuven- und Kleckerwald, Rosengarten und Langeloh. Der sprunghafte Aufstieg von Buchholz hat dazu geführt, daß die Stadt - mancher ortsfremde Radfahrer hat es leidvoll erlebt - nicht ganz übersichtlich ist. Die hier beschriebene jeweilige Aus- und Rückfahrt sollte nach Möglichkeit durch einen Stadtplan ergänzt werden. Mancher Großstädter mag denken, bei den Ausmaßen von Buchholz sei die Orientierung eine Kleinigkeit. Das ist ein Irrtum. Eine derart spontane Stadtentwicklung bleibt auf das Stadtgesicht nicht ohne Auswirkung. Welcher Ortsfremde wüßte schon ohne genaueren Einblick, daß das Stichwort der „Empore" (die Bezeichnung für ein seit 1991 bestehendes Veranstaltungszentrum) für die Breite Straße Nr. 10 laut Hinweis der Stadtkundigen „der zentrale Verknüpfungspunkt im Netz der Wegebeziehungen in der Fußgängerzone" ist. Dieser alte und neue Mittelpunkt von Buchholz wuchs aus dem einstigen Hof und dem - auch das gab es einmal - Dorfteich des vorigen Jahrhunderts.

Kurzum: nehmen wir die Stadt Buchholz gebührend ernst. Für das kulturelle Gesicht der Stadt sind zwei sehr unterschiedliche Erscheinungen wichtig. Im Stadtpark erinnert ein bronzezeitliches Grab daran, daß schon in früher Zeit dieses Wohngebiet beliebt war. Da spielt es keine Rolle, daß das spektakuläre Grab erst nachträglich an seinen heutigen Standort verlegt wurde. Denn ein zweites **Hünengrab** aus der Jungsteinzeit, mithin von 2.500 vor Christus, findet sich im Wald südlich vom Ort Klecken, wenige Kilometer nordöstlich von Buchholz. Seine Ausmaße sind beachtlich: In einem „Riesenbett" aus 76 senkrechten Steinen von 48 m Länge und 6 m Breite befindet sich eine 6 m lange und 1.50 m breite Grabkammer. Das ist die nostalgische Seite von Buchholz.

Die zeitgemäße zeigt sich darin, daß die Stadtväter dafür gesorgt haben, daß ihre wachsende Stadt in Ermangelung von eindrucksvollen alten Fassaden innerhalb des Stadtbildes bemerkenswerte plastische **Bildwerke** erhalten hat - traditionelle und progressive, für jeden Geschmack. So viel ist gewiß, daß die Plastik des schlafenden Mannes (von Arne Ranslet) - um eines der Kunstwerke zu erwähnen - die Stadt nicht als schläfrig charakterisiert. Weitere Blickpunkte kultureller Art verteilen sich freilich auf die Außenbezirke wie Holm, Seppensen oder Moisburg. Auch das **Freilichtmuseum** des Kiekeberg ist ins Buchholzer Spektrum einbezogen...

**8**

# Von Buchholz nach Seppensen und ins Büsenbachtal

## Wo Heideromantik noch lebendig ist

### Toureninfos

km: etwa 25 km, dazu Abstecher nach Neigung

START: Bahnhof Buchholz

Das Büsenbachtal gehört zu den Glanzpunkten der nördlichen Heide, sodaß es vom Kreis Harburg unter Landschaftsschutz gestellt ist. Einzelne Teile der Strecke sind urwüchsig und verlaufen nicht ohne Steigungen.

Neben den vielseitigen Angeboten von Buchholz hat die „Seppenser Mühle" mit ihrem Kaffeegarten einen Ruf als Ausflugslokal (auch Übernachtung, 21 Zimmer). Trelde: „Jagdhaus Trelde", „Wentziens Gasthof" (an der B 75).

Buchholz: Hallen- und Freibad, Holzweg 10.

Seppensen: Heimatmuseum „Sniers Hus", „Schmetterlingspark" zwischen 1.4. und 31.10. 9.30 - 17.30. Freilichtmuseum am Kiekeberg, März - Oktober: Di - Fr 9 - 17, Sa + So 10 -18, November - Februar Di - So 10 - 16.

Verkehrsverein, Bahnhofstraße 7, 21 244 Buchholz, Tel. 04181 / 28 960.

Wir durchfahren Buchholz vom Bahnhof durch die Bahnhofstraße unter der Straßenbrücke hindurch und halten uns vor der ESSO-Tankstelle (am ALDI-Markt) mit der Lüneburger Straße parallel zur Bahnstrekke. Nach einem Siedlungsgebiet am Stadtrand und einer links gelegenen Reitanlage verlassen wir die Stadt. Nach 2 km Fahrt biegen wir rechts in den abzweigenden Reindorfer Weg, unterqueren die Bahnlinie und wenden uns am Waldrand zu dem Schotterweg. Er leitet uns erst ein kurzes Stück abwärts, danach steigt er zum Buchholzer Berg an, wobei wir vielleicht nicht ums Schieben herumkommen. Das ist Sache der persönlichen Fitness. Auf der Höhe genießen wir einen weiten Ausblick über die Felder, die wir anschließend durchfahren. Birken begleiten die Strecke, bis wir durch ein kleines Fichtenwäldchen kommen. Nach ihm erreichen wir über eine Teer- und Kopfsteinstrecke Seppensen. An der Querstraße biegen wir links in den Radweg und überqueren den Seppenser Bach.

Info

Außer seinem Heimatmuseum in „Sniers Hus" besitzt **Seppensen** (wie ähnlich auch Aumühle, Tour 1) einen „Schmetterlingspark". Hier erleben wir vielerlei Schmetterlingsarten, wie sie ja leider unter freiem Himmel seltener geworden sind. Allerdings ist er lediglich zwischen April und Oktober geöffnet.

Die Straße, auf der wir Seppensen verlassen, besitzt leider keinen Radweg, sodaß sie in „Stoßzeiten" des Wochenendes nicht wenig befahren ist und uns mit ihrem Verkehr behelligt. Das Ziel vieler Autofahrer ist die „Seppenser Mühle" mit ihrem Biergarten. Gegenüber begrüßen uns die ersten Heidschnucken.

Info

Der alte **Fachwerk-Mühlenbau** jenseits der hölzernen Brücke über den Mühlenbach erinnert an die inzwischen stillgelegte Wassermühle von einst. Heute hat sie sich neu orientiert und bietet Nahrhaftes zum Verkauf an: frisch geräucherte Heideforellen, Lachs, Katenschinken oder Rindfleisch.

Bei der Weiterfahrt steigt die Straße an und bringt uns über Kopfsteinpflaster nach Thelsdorf. Sobald wir die Höhe der Strecke bewältigt haben, genießen wir erst einmal den schönen Ausblick. Wenn wir nach einem Kilometer Thelsdorf erreicht haben, halten wir uns rechts und überqueren bei unserer Fahrt am Waldrand und im Mischwald zwei Bäche. Dabei begleitet uns zeitweise kurz linkerhand die Seeve. Nachdem wir eine Fahrstraße über eine Kreuzung (Vorsicht!) überqueren, lassen wir Holm (in Tour 7 beschrieben) links liegen, falls wir nicht einen Abstecher einschieben wollen, der uns kurz über die Seeve führt. Wir erreichen an der Gabelung rechts mit einem Radweg das Dorf Wörme. Hinter dem Sportplatz „Am Büsenbach" liegen anheimelnde Reetdachhäuser in einem grünen Ambiente. Hier ließe sich's schön wohnen. Am Rand von Wörme überqueren wir den unbeschrankten Bahnübergang und entdecken, daß es sogar eine Haltestelle „Büsenbachtal" gibt, die an der Strecke Buchholz-Hannover liegt.

Tip

Wer es sich bequem machen will oder gerade keinen „Bock" auf Radfahren hat, könnte von Buchholz in zehn Minuten bis Büsenbachtal mit der Bahn fahren. Allerdings muß er dann als Fußwanderer den Talgang antreten.

Wenn wir mit dem Rad unterwegs sind, erwartet uns an der Bahnhaltestelle eine Querstraße mit einladenden Plätzen für ein stärkendes Picknick. Damit sind wir dem Büsenbachtal nahe. Zuerst präsentiert sich ein Reetdach-Fachwerkstall, der einer hier heimischen Heidschnuckenherde ein Dach überm Kopf bietet. Vor uns blicken wir über eine von ausgedehnten Heideflächen und Wacholdergesträuch charakterisierte Tallandschaft.

Info

Der für den Namen maßgebliche **Büsenbach** ist so winzig, daß er in manchen Karten glatt unter den Tisch fällt. Das Tal jedoch, das seine Entstehung den Folgen der Eiszeit verdankt, hat das Gesicht, das es durch den Abfluß des Schmelzwassers erhielt, bewahrt. Während vieler solcher entwässernden Bäche längst eingetrocknet sind, hat sich unser Büsenbächlein erhalten. Daß es früher ansehnlicher verlief, läßt der Zuschnitt der Tallandschaft deutlich erkennen. Dieser Tatsache verdankt es seine natürliche Eigenart. Der sich zierlich windende Büsenbach mündet schließlich bei Holm in die Seeve. Aber er hat uns das Tal seiner Vergangenheit als eine der romantischsten Heidelandschaften erhalten. Über ihm ragen - nur zu Fuß zu „erobern" - etwas abseits „Berge" wie der 108 m hohe Flidderberg und der 130 m hohe Brunsberg, südlich oder nordöstlich unserer Tour, heraus. Auch einen 101 m hohen Höllenberg, östlich vom Brunsberg, gibt es.

Noch sind wir aber erst im Anrollen und nehmen rechts abwärts Kurs auf die Talmulde. Dabei müssen wir uns mit zwei kurzen Steilstrecken auseinandersetzen. Auch ist der urwüchsige Heideweg mit tückischen Wurzeln versetzt, was uns zur Vorsicht zwingt. Wenn der Weg sich gabelt, halten wir uns rechts und erreichen nach 500 m einen Querweg, den ein Zaun begleitet. Das ist der Punkt, an dem wir links in den Wald fahren. Zunächst stoßen wir nach 500 m auf eine Kreuzung und einen guten Kilometer weiter - mit einem Picknickplatz - die Fahrstraße von und nach Holm-Seppensen, die von einem Radweg begleitet ist. Ihn schlagen wir nach links ein und fahren abwärts durch hohen Wald, bis uns links die sogenannte Drei-Männer-Kiefer begegnet.

Unsere Hauptstrecke führt freilich den Radweg der Straße entlang in Richtung auf das 3 km entfernte Sprötze, wo wir auf die B 3 stoßen. Vorher radeln wir jedoch noch durch eine ausgedehnte Siedlung von Wochenendhäusern und über die Bahnstrecke zwischen Hamburg und Bremen - Sprötze ist für die Bremer die letzte Station vor Buchholz. In Sprötze folgen wir hinter der B 3 (die wir vorsichtig überqueren) der Kakenstorfer Straße zwischen Siedlung und Feldern und bie-

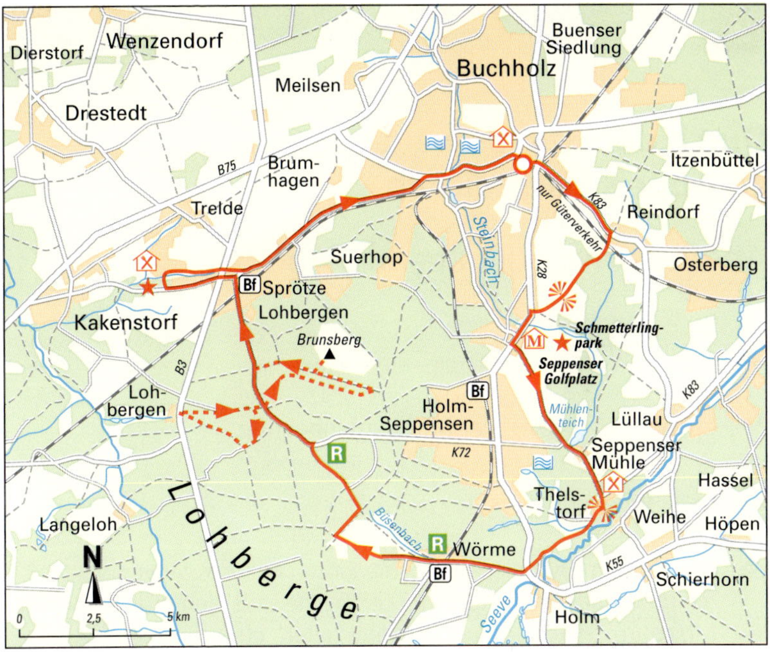


gen nach einem Kilometer in die Alte Bahnhofstraße, die über einen Bach führt. Diese Strecke steigt an, und wir freuen uns an den überlebensgroßen Vogelplastiken, die ein Holzschnitzer hier zeigt. Vorbei am „Jagdhaus Trelde" und bis auf die Höhe der Bushaltestelle. Denn hier zweigt rechts ein schmaler Fußweg (versetztes Gitter) ab, der früher einmal einer Bahnstrecke diente. Es kann sein, daß wir hier unser Rad ein Stück schieben müssen.

Mit diesem Weg erreichen wir erneut die Bundesstraße, um über sie auf den Trelder Weg zu stoßen, der uns nach 300 m auf die nächste Fahrstraße bringt. Links nehmen wir den Radweg der Niedersachsenstraße und stoßen mit ansteigender Strecke auf die Bahnschienen. An ihnen fahren wir entlang im Zug der Buchholzer Straße. In ihrer Fortsetzung auf Buchholz zu wird sie zum Sprötzer Weg. Mit ihm sind es nur noch reichlich 2 km, bis Buchholz beginnt. An Sportanlagen vorbei rollen wir abwärts und haben nun nur noch 2,5 Kilometer bis zum Bahnhof: durch die Bremer Straße rechts, Königsberger Straße, Heinrich Straße und Neue Straße. Damit sind wir am Ausgangspunkt!

**9**

# Durch den Stuvenwald zu Appels Fischteichen

## Aber zweimal quer über die Autobahn

### Toureninfos

km etwa 33 km, Abstecher Moisburg inbegriffen

START Bahnhof Buchholz

Drei Akzente hat diese Tour: die Einsamkeit des Stuvenwaldes, die unterhaltsamen Appelbecker Teiche und die Entdeckung von Moisburg. Steigungen sind relativ selten, ebenso Wegschwierigkeiten. Auch die lärmintensive Autobahn A 1 überqueren wir zweimal zügig.

Außer den Angeboten von Buchholz ist der „Hof Appelbeck" (mit Terrasse) für Einkehr beliebt. Moisburg: „Zum Amtskrug", Hollenstedt: „Hollenstedter Hof".

In Appelbecks See. In Buchholz im Hallen- und Freibad, in Hollenstedt in der Este.

Moisburg, Mühlenmuseum in der Wassermühle der Este, Mai - Oktober nur an Samstagen und Sonntagen 11 - 18. Verkauf von „Amtsmühlenbrot".

Verkehrsverein, Bahnhofstraße 7, 21 244 Buchholz, Tel. 04181 / 28 960, Fax 39 384. Gemeindeverwaltung, Am Markt 10, 21 279 Hollenstedt, Tel. 04165 / 80 044, Fax 80 481. Hof Appelbeck am See, 21 279 Appelbeck, Tel. 04165 / 83 77, Fax 82 139.

Wenn uns der Zug nach Buchholz gebracht hat, müssen wir zuerst unser Rad die Treppe abwärts tragen, um durch die Bahnunterführung auf die andere Seite der Gleise zu gelangen. Nach dem Bahnhof radeln wir geradeaus die Neue Straße entlang und orientieren uns mit ihr links zur Heinrichstraße. Von ihr biegen wir rechts in die Königsberger Straße. Über die Bremer Straße wenden wir uns in die Parkstraße. An der Waldschule und dem Waldfriedhof vorbei überqueren wir den Seppenser Bach. Jetzt radeln wir rechts mit Anstieg zum Steinbecker Mühlenweg und von ihm in die Steinbecker Straße. Auf ihr halten wir uns mit dem Fuß-Radweg links und passieren die Gefallenen-Gedenkstätte, bis wir an der B 75 angelangt sind. Jetzt haben wir Buchholz endlich hinter uns gelassen. Wir überqueren - Vorsicht! - die Bundesstraße und zweigen nach 150 m vor dem Fichtenwäldchen und einer Bank rechts auf Kopfsteinpflaster ab, das mit einem „Sommerweg" (für Pferdefuhrwerk) verbunden ist. Das ist der Dangersener Weg, der uns ins Landschaftsschutzgebiet des Stuvenwaldes leitet. Nadelbäume und Mischwald begleiten uns. Zuerst am Waldrand entlang, danach auf breitem Schotterweg in den Stuvenwald hinein. An der Straßengabelung wenden wir uns links zum Wasserschutzgebiet. Auch bei der nächsten Gabelung radeln wir links in Richtung auf Mienenbüttel.

Das ist, damit Sie gewarnt sind, kein ganz bequemer Weg, der unter den wechselnden Wettereinflüssen oder der Holzabfuhr mehr oder minder leiden kann. Wenn wir an einer Bank auf einen befestigten Querweg stoßen, bringt uns ein schmaler Teerweg rechts zur Autobahn und über sie hinweg. Hinter der Brücke achten wir auf den ersten Weg nach links, um den Waldrand zu erreichen. Von ihm führt eine erst steinige, dann sandige Fahrbahn auf Mienenbüttel und zur B 3. Ihr folgen wir 50 m nach links und biegen anschließend rechts in die Oldendorfer Straße, auf der wir zu Mienenbüttels Dorfteich kommen. Mit einer leider radweglosen Teerstraße lassen wir Mienenbüttel hinter uns und radeln durch freie Feldmark, Obstplantagen und eine Siedlung von Wochenendhäusern. In Oldendorf müssen wir uns vorsehen, damit wir nicht die Biegung in Richtung Hollenstedt nehmen.

Wir bleiben geradeaus auf einer schmalen Straße, die nur bis zu 3,5 t befahren werden darf. Uns betrifft das ja nicht. An dem hübschen Bauernhaus können wir unsere Freude haben. Vor Lastwagen ist man hier aber sicher.

Bald steigt unser Weg durch Felder an, bis er den Waldrand erreicht. An ihm geht es erst entlang und danach in den Wald. Dabei kreuzen wir den Appelbecker Mühlenweg und lassen uns von der Waldstrecke bis zu den Appelbecker Fischteichen begleiten.

**Info**

Die **Appelbecker Fischteiche** liegen nördlich von Hollenstedt (knapp 2 km) mitten im Wald und ziehen sich nach Nordosten bis zum Dorf Appel hin. Am größten der Teiche zeigt sich das Café-Restaurant Hof Appelbeck von der gastlichen Seite. Neben den Möglichkeiten, den Teich mit Tretbooten zu befahren, finden sich Kioske mit fischigem Angebot, ein Wildgehege und ein Kinderspielplatz. Diese Tour ist für Kinder ganz ideal. Allerdings ist das auch anderen Autofahrern und Radlern nicht verborgen geblieben, sodaß es am Wochenende und in den Ferien ganz schön lebhaft zugeht. Unweit der Teiche in westlicher Richtung fließt die Este. Wenn wir von den Teichen unsere Fahrt noch 3 km über Podendorf nach Moisburg fortsetzen, fahren wir an ihr entlang. **Moisburg** hat im Mittelalter eine Burg besessen, die Mosetheburg, auf die der Ortsname zurückgeht. Sie wurde Mitte des 13. Jahrhunderts zum ersten Mal erwähnt. Um 1618/19 wurde sie neu erbaut und ein Jahrhundert später restauriert. Von nun an war sie keine Residenz mehr, sondern seit Beginn des 18. Jahrhunderts Sitz einer Amtsverwaltung. Allerdings ist heute von dem ursprünglichen Dreiflügelbau nur noch ein in zwei Stockwerken erbautes Fachwerkgebäude erhalten. Seine Funktion als Amtssitz büßte Moisburg jedoch 1859 ein. Dafür profitierte es von seiner Funktion als Standort von Mühlen ab dem Jahr 1598.

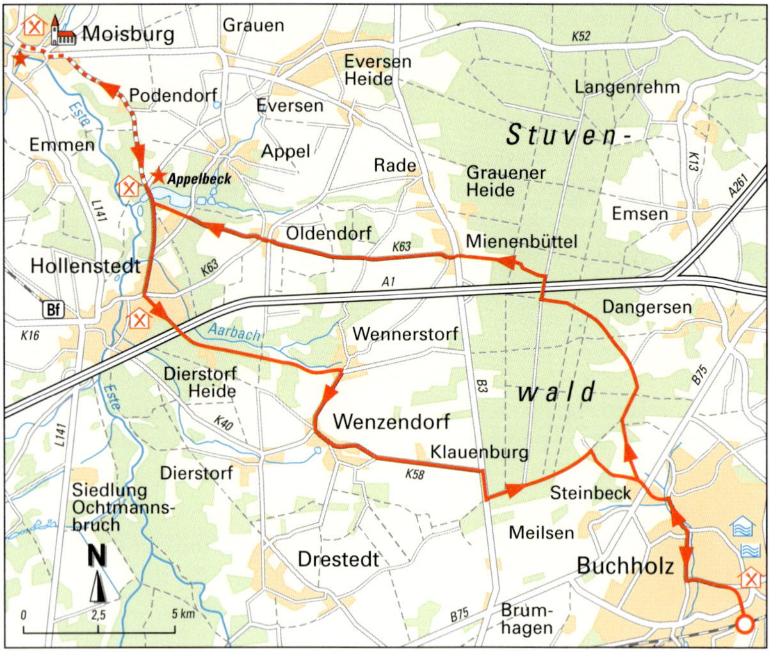

Am Hof Appelbeck grast im Gehege zutrauliches Sika-Wild

Info

Am ältesten ist die **Wassermühle** an der Este, die heute als Museum dient. Leider beschränkt sich die Öffnung auf sommerliche Wochenenden. Moisburgs Mühlen dienten der Papierherstellung und besaßen ein Appellationsgericht über alle Streitigkeiten des Papiermachergewerbes in Deutschland. Im 17. Jahrhundert war Moisburgs Mühle auch als Münzstätte in Betrieb. Die mit der Mühle zeitweise verbundene Domäne wurde 1928 aufgesiedelt. Schließlich besitzt Moisburg am Abzweig nach Ovelgönne, etwas abseits, eine beachtliche Kirche, die unten romanisch aus Feldsteinen entstand und später in Backstein ergänzt wurde. Vor ihrer Westwand steht ein hölzerner Glockenstuhl. Das Innere, das sich an bäuerliche Kirchgänger wendet, ist mit dem Schiff und einem Tonnengewölbe bemalt. Stilistisch entspricht es später Renaissance. Es lohnt sich jedenfalls, nach Möglichkeit die Kirche innen zu betrachten. Schließlich ist der Umkreis von Amtshaus und Mühle im Charakter einer Parkanlage gehalten und eignet sich für ein Picknick. Allerdings bleibt uns nichts anderes übrig, als zurück nach Appelbeck die gleiche Strecke zu nehmen.

Wenn wir zu Appelbecks Teichen zurückgekehrt sind, entscheiden wir uns für den Appelbecker Weg, der als schmale Teerstraße den Wald durchzieht und nach einem Kilometer auf eine Querstraße stößt. Sie führt uns rechts nach Hollenstedt. Wenn wir nach 600 m auf eine Kreuzung stoßen, achten wir auf den schräg links führenden Wennerstorfer Weg. Mit ihm radeln wir noch einmal quer über die Autobahn A 1.

Wenn wir Freude an der folgenden Heide von Dierstorf haben, sind wir damit nicht allein. Das zeigen die zahlreichen hier angelegten hübschen Waldgrundstücke. Durch sie fahren wir im Zug des Wennerstorfer Kirchenwegs. Dann folgt die Wennerstorfer Heide. Die Strecke von etwa 3,5 Kilometern durch diese Heide bis nach Wennerstorf ist abwechslungsreich. In Wennerstorf fahren wir bis zur Mitte des Ortes und biegen rechts in die Wenzendorfer Straße.

Auf ihr erreichen wir nach einem Kilometer Wenzendorf. Mit der Mühlenstraße radeln wir durch Felder und Baumschulen nach Klauenburg und erreichen kurz danach die Bundesstraße 3! Über sie ziehen wir hinweg (Verkehr!) und nehmen ihren Radweg am Waldrand nach rechts. Nach 400 m können wir links noch einmal den Kontakt mit dem vom Anfang unserer Tour bekannten Stuvenwald erneuern. Dazu müssen wir die Schranke passieren. Die durch Findlinge markierte Strecke unter hohen Bäumen führt uns in ständigem Auf und Ab nach Steinbeck.

Dazu durchfahren wir 1 km Wald, folgen noch 500 m dem Waldrand und biegen nach rechts durch Felder ab. Wenn die Straße sich gabelt, nehmen wir geradeaus den Weg an der Wohnsiedlung Steinbecks entlang. 500 m weiter haben wir die B 75 erreicht. Jetzt können wir über sie hinweg auf bekannter Strecke zum Bahnhof von Buchholz gelangen.

## Buxtehude gibt es wirklich!

Wo die Hunde mit dem Schwanz bellen ?

Neben dem sächsischen Kötzschenbroda gibt es keinen Ort, dessen Existenz so oft bezweifelt wird wie **Buxtehude**. Dabei hat der grotesk klingende Name für die Stadt von heute 32.500 Einwohnern eine ganz logische Begründung. Noch vor dem Jahr 1000 sprach man von einem Ort „Buochstadon", was einen Königshof an einem Gestade bezeichnete. Vor 800 Jahren fügte man das Wort „hude" hinzu, womit damals ein Handels- oder Fährplatz gemeint war. Wenn der umständliche Ortsname „Buchstadihude" (im Jahr 1135) rasch und flüchtig ausgesprochen wurde, konnte man Buxtehude verstehen. Höchste Zeit, das Rätsel der mit dem Schwanz bellenden Hunde zu lösen, das vielen unbekannt ist. Buxtehudes mittelalterliche Kirche besaß eine Glocke mit dem Namen Hunt (niederdeutsch für Hund). Diese Glocke wurde nicht - wie im Mittelalter üblich - mit einem Klöppel geschlagen, sondern dieser wurde mit einem Strick bewegt, so daß die Glocke „bellte" (man denke ans englische „to bell"). Da der Strick ein Schwanz war, bellte die Glocke „Hunt" mit dem Schwanz. Auch wenn die Buxtehuder eine Glokke mit einem Dackel und dessen Schwanz verbunden haben, hat dieser liebenswerte Hund nichts mit der Redensart zu tun. Der skurrile Stadtname hat freilich auch dazu geführt, daß der Erzähler des Wettlaufs zwischen Hase und Igel Buxtehude als geeigneten Ortsnamen für den grotesken Wettlauf ansah. Es hat Buxtehude vollends sprichwörtlich gemacht, daß das Igel-Ehepaar den armen tumben Hasen „up de Buxtehuder Heid" zum zweiten „Sieger" machte. Zwei Städte rühmen sich der Ehre, den Eingang ins **„Alte Land"** zu bilden. Neben Stade ist das Buxtehude. So führt uns eine der Touren von Buxtehude nach Jork als dem Mittelpunkt der Obstlandschaft des „Alten Landes". Das wiederum hat seinen (ebenfalls) eigenartigen Namen, weil es in der Reihe der im Mittelalter vor der Überschwemmung der Elbe geschützten Ländereien am Anfang stand, also bei der weiteren Bearbeitung das „alte" Land war. Aber Buxtehude inmitten einer Moorlandschaft war eine Klostergründung der Benediktinerinnen, woran noch der heutige Ortsname Altkloster erinnert, das später von der heutigen Siedlung abgelöst wurde. Eine „Ehe" zwischen Altkloster und der neuen Stadt Buxtehude vollzog sich erst in unserem Jahrhundert: 1931. Wegen eines verheerenden Stadtbrands 1913 fehlt Buxtehude weitgehend ein mittelalterliches Stadtbild. Verschont blieben die Kirche und der **Marschtorzwinger** von 1539. Das war einer der fünf Befestigungstürme, die Buxtehudes Einwohner vor den bösen Feinden schützen sollten. Das war vor allem während des Dreißigjährigen Krieges notwendig, als Dänen, Schweden und Tilly als Feldherr der katholischen kaiserlichen Truppen Buxtehude belagerten. Zu allem Unglück suchte auch noch die Pest die Stadt heim. Heute erinnert der 1539 erbaute Marschtorzwinger an der Ausfallstraße nach Estebrügge an kriegerische Zeiten. Der Backsteinbau zeigt im hufeisenförmigen Grundriß die damalige Wehrhaftigkeit. Heute darin Jugendherberge.

Dennoch ist der beherrschende Bau von Buxtehude seine **Petrikirche**, ein Backsteinbau aus dem 13./14. Jahrhundert, die vor einem Jahrhundert restauriert wurde. Neu ist auch der Kirchturm, nachdem der Vorgänger 1853 durch Blitzschlag zerstört worden war. Damals erhielt er seine heutige Form mit dem schlank hochsteigenden Pyramidenhelm. Für Kunsthistoriker gilt diese Kirche als eine sonst ungewöhnliche Verbindung von Basilika (Mittelschiff höher als Seitenschiff) und Hallenkirche (gleiche Höhe aller Gewölbe des Kirchenschiffs). Aber auch sonst lohnt es sich, in der Kirche Umschau zu halten. Nahe der Kirche findet sich (St. Petriplatz 9) das **Heimatmuseum**, das wir bei einem Stadtbummel „mitnehmen" sollten. In ihm begegnen sich Sammlungen aus Stadt, Geest und Altem Land, zu einem übersichtlichen Ganzen vereint.

10

# Die Este führt von Buxtehude ins Alte Land

Jork ist seine „Hauptstadt"

## Toureninfos

km: um 35 km

START: Bahnhof Buxtehude (Fahrzeit ab Hamburg ca. 40 Minuten)

Auf dieser Strecke gibt es (von Buxtehude selbst ganz abgesehen) so viel zu betrachten, daß wir schon eine Tagestour vorsehen müssen. Dafür brauchen wir mit nennenswerten Steigungen nicht zu rechnen. Wer fotografiert, findet reichlich Motive. Im Herbst ist Obst günstig zu kaufen. Ebenso reizvoll aber ist die Zeit der Baumblüte.

Buxtehude und Cranz (an der Elbe) bieten die größte Auswahl. Auch in Jork ist kein Mangel. Sonst: Esteburgs Gasthof, Hove: „Zum goldenen Anker", Estebrügge: Estehof (Kaffeegarten).

Hallen- und Freibad in Buxtehude.

„Heimatmuseum" in Buxtehude, Stavenort 2, Di - Fr 13.30 - 17.30, Sa + So 10.30 - 17.30. Ovelgönne, Wassermühle So 10.30 - 12 + 15 - 17.

Stadtinformation, Stavenort 2, 21 614 Buxtehude, Tel. 04161 / 50 12 97, Fax 52 693.

Info

**Fruchtbares vom Alten Land:** Bevor wir uns in Buxtehude aufs Rad schwingen, sollten wir uns „klug machen". Denn vom „Alten Land" ist in Hamburg und drumherum ja viel die Rede, aber Bescheid wissen die wenigsten, was es damit auf sich hat. Im Mittelalter hatten die Anwohner der Elbe (darunter die Klöster) darunter zu leiden, daß die unregulierte Elbe über ihre Ufer trat und weithin das flache Land überschwemmte. Daher bat man die Holländer um Hilfe, das Land einzudeichen, denn die galten schon damals als Spezialisten. Da es sich um erhebliche Uferstrecken handelte, teilten sich die holländischen Deichbauer das Land in

Info

„Meilen" auf, die nach und nach - in Jahrzehnten - überschwemmungssicher gemacht wurden. Was bereits fertig war, galt als „terra vetus", altes Land. Nach und nach gab es immer mehr altes Land, so daß die Bezeichnung um sich griff - für immerhin, 175 Quadratkilometer. Der durch die Überschwemmungen hier geschaffene Boden erwies sich als so fruchtbar, daß die hier ansässigen Mönche ihn als besonders günstig für Obstbäume ansahen. Damit begann die fruchtbare Zeit des Alten Landes. Das Absatzgebiet für die hier geernteten Früchte lag mit Hamburg „vor der Tür". Hamburgs berühmter Fischmarkt war seit jeher als Obstmarkt beliebt. Zugleich entwickelte sich das Alte Land zum größten geschlossenen Obstanbaugebiet von - Europa. Wer hätte das hier im Norden vermutet?! Auf einer Fläche von 14.300 Hektar werden Äpfel (drei Viertel der Fläche), Kirschen und anderes Obst geerntet. Die wichtigen Daten für eine Radtour: Obstbaumblüte ab Ende April, Anfang Mai mit Kirschen, zwei Monate danach die Äpfel. Geerntet werden Kirschen (wenn das Wetter mitspielt) wie auch Erdbeeren im Juni/Juli. Pflaumen im August/September, Äpfel im September/Oktober. Überall im Alten Land wird Obst an der Straße angeboten.

Wer nicht von Stade ins Alte Land startet, beginnt seine Fahrt von Buxtehudes Bahnhof oder - als Pkw-Fahrer - von einem Parkplatz in der Nähe der Petrikirche, die vom Bahnhof 1,5 km entfernt ist. Wir radeln über Giselbert- und Gildestraße und die Estebrücke links in die Hansestraße. Dann passieren wir das rechts liegende Schulzentrum und biegen rechts in die Harburger Straße. Von ihr geht es links ab in die Moorender Straße. Das weist auf das Dorf hin, das uns für die nächsten Kilometer am Wege liegt. Dabei fahren wir parallel zum Deich der Este, teilweise

Info

auch auf ihm. Das bedeutet, daß sich unsere Straße ebenso schlängelt wie die Este selbst. Daß auch Autos hier fahren (wenn auch nicht übermäßig zahlreich), müssen wir in Kauf nehmen. Aber die begleitenden, über 100 Jahre alten Backsteinhäuser mit ihren (oft) reetgedeckten Dächern geben der Strecke viel Kolorit. Bald schieben sich auch die ersten Obstplantagen ins Blickfeld. Wie wir sehen, war vor einem Jahrhundert „Mode", die Eingänge der Häuser durch Säulen zu „verschönern". Wer etwas mehr von der jenseits des Deichs fließenden Este haben will, hält dann und wann an und wirft einen Blick über den Deich. Sobald Moorende in Esteburg übergeht, sind wir auch - über eine Drehbrücke der Este - dem auf dem jenseitigen Ufer gelegenen Estebrügge nahe.

Auf ihrem Weg von Handeloh (Lüneburger Heide) zur Elbe (der nahe der Mündung durch ein Sperrwerk vor Elbhochwasser geschützt ist) liegt das zu Jork gehörende **Estebrügge**. Die Drehbrücke zwischen beiden Orten wird geöffnet, sobald ein größeres Schiff hier passieren will. Estebrügges barocke Backsteinkirche entstand um 1700, während der vor ihr stehende Glockenturm sogar aufs Jahr 1640 zurückgeht. Sein geschindelter Turm (8.000 Schindeln) hat sich durch den Zahn der Zeit um 35 Grad verschoben. Der unweit von hier wohnhafte berühmte Orgelbauer Arp Schnitger schuf die Orgel im Jahr 1702. Die Ausstattung stammt zum Teil aus dem vorhergehenden Kirchenbau und vermittelt einen festlichen Eindruck.

Der Ort Hove schließt sich an. Zuerst Klein Hove und nach Überqueren der Neuenfelder Straße Groß Hove. Wir sollten unsere Fahrt jetzt auf dem befestigten Deich fortsetzen. Insbesondere Binnenländer haben ihre Freude an den immer zahlreicher werdenden Schiffen auf der Este. Als Kontrast wirken die kuscheligen Reetdachhäuser. Über den Deich hinweg fahren wir jetzt auf der linken Deichseite. In der Ferne erblicken wir bald das bei Bassenfleth gelegene Atomkraftwerk Stade. Obstplantagen und stattliche Werftbauten wechseln sich jetzt ab. Nach Hove entfernt sich unsere Strecke von der Este. Wir folgen dem Neuenfelder Fährdeich nach links und erreichen Neuenfelde. Mit dem Fährdeich passieren wir über Deichdurchbrüche den Hafen.

Info

An der Gabelung rechts fällt uns eine der zum Glück noch erhaltenen „Prunkpforten" mit geschnitzten Tierköpfen aus dem Jahr 1747 auf.

Nicht nur durch seinen Obstanbau, sondern durch seine typischen Häuser offenbart sich die Eigenart des **Alten Landes**. Es handelt sich dabei um Bauten, die von hölzernen Ständern gehalten werden, deren Füllung aus Backsteinen nichts zu tragen hat. Dadurch können Überschwemmungen oder Deichdurchbrüche zwar Teile der Mauern wegspülen, aber die Standfestigkeit des Hauses leidet nicht. Bemerkenswert ist die ornamentale Geschicklichkeit, mit der die Altländer diese Ziegel angeordnet haben. Weiß gestrichene Balken kontrastieren mit roten Ziegelfeldern. Eine zweiteilige sogenannte Brauttür machte den Kontakt verliebter Paare mit der oberen Körperhälfte möglich, während die untere Tür bis zur Hochzeit verschlossen bleiben mußte. Einzige Ausnahme: ein Hausbrand! Die Prunkpforten

Info

waren Status-Symbole der stolzen Bauern. Sie sind immer seltener geworden, weil sie von den heute üblichen umfangreichen Landmaschinen nicht mehr passiert werden können. Ohnehin sind die romantischen Häuser, die beliebte Fotomotive darstellen, heute kaum noch wirtschaftlich. Viele sind oder werden verlassen. Das entspricht der Altländer Logik: „Man kann eine Autofabrik von 1920 heute nicht mehr rentabel betreiben, ebensowenig einen Jahrhunderte alten Bauernhof, so hübsch er aussehen mag...!"

Was moderne Technik auch für diese Gegend bedeutet, sehen wir nicht nur beim Blick aufs ferne Atomkraftwerk, sondern auch bei Werft, Docks und Kränen, die 300 Tonnen Gewicht tragen können.

Hinter der Werfttechnik biegen wir in den Neuen Fährweg. Mit ihm stoßen wir zwischen Werft und Obstplantage auf die Elbe. Wenn wir die Neuenfelder Hauptstraße und die Hebebrücke der Este-Schleuse passiert haben, öffnet sich der Blick auf das jenseitige Ufer der Elbe: Blankenese mit seinen Uferbauten und am ansteigenden Hang gelegenen Häusern. Wenn wir auf dem Deich oder mit dem Radweg daneben das vielbesuchte Cranz erreicht haben, können wir mit einer Fähre über die Elbe nach Blankenese übersetzen.

Tip

Fährfahrt über die Elbe zu einem kurzen Bummel durch Blankenese. Fahrdauer 25 Minuten, die **Fähre** verkehrt jede Stunde.

Wir wollen uns Cranz mit seinen zahlreichen (aussichtsreichen) Lokalen nicht entgehen lassen und fahren 700 m hinter der Hebebrücke der Este-Schleuse links zur nahezu einen Kilometer langen Fahrt durch den Ort ab - mit oder ohne Einkehr. Wenn eine Gabelung rechts in Richtung Königreich führt, folgen wir ihr durch Obstplantagen und an schmucken Häusern vorbei. Auf der Höhe des „Gasthaus Rademacher" achten wir auf die Wellenstraße, die dahinter rechts abzweigt. Mit ihr fahren wir auf gewundener Strecke in Richtung Elbe: vorbei am Feuerwehrturm und durch eine Obstplantage nach der anderen. Nach 4 Kilometern sind wir an der Hahnöfer Nebenelbe und Hahnöfersand angelangt. Mit dem Radweg rollen wir links daran entlang. Hinter Kohlenhusen taucht vor uns ein Kirchturm auf: er gehört zum Dorf Borstel, das wir hinter der Windmühle von 1856 auf dem Deich bald erreicht haben.

Info

**Borstel:** Jetzt sind wir wirklich im Alten Land! Ein erster Höhepunkt ist der links der Straße liegende Wehrt'sche Hof, der um 1635 erbaut wurde. Falls wir einen Blick ins Innere werfen können, bewundern wir eine beachtliche, reich geschnitzte, hölzerne Wendeltreppe, die kurz nach der Erbauung eingefügt wurde. Frühere Kirchen fielen Überschwemmungen der Elbe zum Opfer. Das heutige Gotteshaus

Info

ist ein spätgotischer Backsteinbau, vor dessen Westwand ein hölzerner Glockenturm von 1695 einen spitzen Pyramidenhelm aufweist. Innen ist die aus Brettern gefügte Tonnendecke um 1770 bemalt worden. Sehr gut lassen sich die als Priechen bezeichneten 12 und 15 m langen Emporen für die Kirchenbesucher betrachten. Auch sonst ist das eine gut ausgestattete Kirche.

Nun haben wir nur noch eine kurze Strecke bis Jork. Dazu fahren wir links, am Fleet entlang, an dessen Ende uns Jorks Rathaus erwartet.

Info

**Jork:** Diese „Hauptstadt" des Alten Landes hat immerhin (mit Nebenorten) mehr als 10.000 Einwohner und weist eine ansehnliche Zahl der traditionellen Altländer Häuser aus dem 17. und 18. Jahrhundert auf. Dazu sehen wir uns außer am Fleet, den wir eben durchfahren haben, in den Straßen Ostjork und Westjork um. Vielleicht steigen wir angesichts der kurzen Entfernungen und des (im Sommer) lebhaften Verkehrs sinnvollerweise vom Rad und bummeln zu Fuß herum. Seit 1980 hat Jork ein Rathaus, das als Ergebnis einer geschickten Restaurierung aus einem Herrensitz von 1651 „komponiert" wurde. Jedenfalls ist dieses **Rathaus** im Altländer Stil eines der originellsten des deutschen Nordens. Allein die 76 qm große Diele ist ein Schmuckstück. Wir können hineinschauen, selbst wenn wir kein amtliches Anliegen haben. Auch wenn der Neubau der Altländer Sparkasse (nicht weit entfernt) damit nicht wetteifern kann, besitzt er doch historische Patina.

Im Vorgängerbau, der leider einem Brand zum Opfer fiel, hat im Jahr 1776 der Dichter **Gotthold Ephraim Lessing** geheiratet. Als Verfasser der „Hamburgischen Dramaturgie" war der später als Bibliothekar in Wolfenbüttel tätige Lessing mit dem Norden geistig verbunden. Allerdings passierte ihm, als er zur Hochzeit nach Jork angereist war (damals eine mühsamere Reise als heutzutage nach Südafrika), das Mißgeschick, daß er beim Überspringen eines der Gräben des Alten Landes strauchelte und in den Morast fiel. Bei so einem bösen Vorzeichen hätte der Dichter beinahe auf die Heirat verzichtet, denn einen anderen Anzug hatte er nicht im Gepäck. Was tun? Die Hochzeit wurde um zwei Tage verschoben. Doch das unheilvolle Vorzeichen traf ein: seine Frau Eva starb bereits nach 15 Monaten Ehe im Kindbett. Im Jork von heute freuen wir uns an der **Kirche** aus dem 14. Jahrhundert, deren spitzer Turmhelm den Ort hoch überragt. In ihr die Kanzel eines Buxtehuder Meisters von 1664 und eine Orgel Arp Schnitgers aus dem Jahrzehnt danach. Mit Schmunzeln lesen wir die gereimte Weisheit an einem traditionellen Gasthaus: „Hier war drunken und nicht sapen - hier kann jeden redlich slapen - hier war ok de Krüsche satt - hier verdriggt sich Hoch un Platt."

Wir setzen unsere Fahrt mit der Straße „Am Fleet" vom Rathaus aus fort, passieren anschließend Kirche und Friedhof und neben Häusern einige Obstanpflanzungen. Nach weniger als zwei Kilometern sind wir in Osterladekop, wo wir auf eine Kreuzung stoßen. Hier biegt das Fleet links ab, ebenso unser Weg. Wieder rollen wir durch Plantagen und Obsthöfe (die auch außerhalb der Erntezeit die gut gelagerten Äpfel verkaufen). Wir achten auf weitere Kreuzungen, die in etwa anderthalb Kilometer Abstand aufeinander folgen und halten uns zwei-

Idyllische Wasserlandschaft an der Este zwischen Buxtehude und Estebrügge

mal rechts. Auf diese Weise erreichen wir die lebhafte Straße zwischen Jork und Neukloster. Sie nehmen wir nach links und laufen über das Wasser der Landwettern das Dorf Dammhausen an. Hier radeln wir links weiter auf Buxtehude zu. Die günstigste Einfahrt bietet sich beim Ortsschild Buxtehude nach 2 Kilometern. Wir benützen den rechts führenden schmalen Teerweg durch Felder und Viehweiden, bis wir vor der Bahnstrecke auf eine Querstraße stoßen. Mit ihr rollen wir links zu dem knapp 1,5 km entfernten Bahnhof.

**11**

## Zur Wassermühle von Ovelgönne und dem „Wettloopsweg"

Über die Este zur „historischen" Rennstrecke

### Toureninfos

km reichlich 25 km, ohne Abstecher Estebrügge

START Bahnhof Buxtehude

Bis auf eine kurze, weniger gute Wegstrecke weist die Tour keine Schwierigkeiten auf. Eine Anregung: Die in Tour 10 enthaltene Begegnung mit Estebrügge und seiner Kirche läßt sich als Abstecher in diese Tour - vor Abzweig in Richtung Rübke - einfügen. Er erfordert rund 6 km.

Neben dem Angebot von Buxtehude in Ovelgönne „Aldags Gasthof" (Hamburger Chaussee 125), „Ovelgönner Hof" (Hamburger Chaussee 81)

Buxtehudes Hallen- und Freibad (Heide)

Buxtehuder Museum, Stavenort 2, Di - Fr 13.30 - 17.30, Sa + So 10.30 - 17.30. Ovelgönner Wassermühle So 10.30 - 12 + 15 - 17. Von April - Oktober kann die Mühle in Betrieb sein. Führungen nach Anmeldung möglich.

Stadtinformation, Stavenort 2, 21 614 Buxtehude, Tel. 04161 / 50 12 97, Fax 52 693.

Beim Beginn der Tour richten wir uns nach der Schilderung in Tour 10, die uns nach Moorende bis zum Ortsschild führt. Hier überfahren wir den Wasserlauf „Landwettern".

**Tip**

Falls wir uns für den **Abstecher** nach Estebrügge entscheiden, bleiben wir auf der Strecke an der Este, die in Tour 10 beschrieben ist, und kehren zur Hauptstrecke zurück. Dazu achten wir in Esteburg vor der Überquerung der Este auf den Abzweig nach rechts (östlich). Dabei stoßen wir auf den Querweg, der im Hinterland von Moorende nach rechts und nach etwa 3 km in südlicher Richtung auf die Strecke nach Rübke führt.

Sonst müssen wir rechts abbiegen und folgen dem schmalen, gewundenen Teerweg. Dieser verläuft zwischen dem flachen Deich und Obstplantagen. Nach 2 km erreichen wir ein einzeln gelegenes Anwesen. damit beginnt das Dorf Rübke. In ihm folgen wir der Buxtehuder Straße, vorbei an der weißen Holzbrücke rechts. Rübke weist zahlreiche Obsthöfe auf. Nachdem wir die weiße Brücke passiert haben, nehmen wir die ihr folgende zweite über die Landwettern in den Richtung auf den Rübker Bruch.

**Info**

Der **Rübker Bruch** ist eine weite flache Landschaft, in der sich Viehweiden, Moorgebiete, Felder und Birken verbinden. Zum Teil ist die Moorlandschaft kultiviert.

Durch den Bruch halten wir uns erst rechts, dann links und stoßen nach 2,5 km auf einen beschrankten Bahnübergang. Hinter ihm bleiben wir geradeaus und lassen den Abzweig nach rechts unbeachtet. Sobald sich nach einem weiteren Kilometer unser Weg gabelt, fahren wir rechts, um in Ovelgönne auf die mit lebhaftem Verkehr aufwartende B 73 zu stoßen. Um sie zu überqueren, lassen wir uns im Interesse unserer Sicherheit etwas Zeit. Wenn wir die Straße „Heuberg" erreichen, können wir uns nach dem Wegweiser zur Wassermühle richten. Damit radeln wir in ein Landschaftsschutzgebiet und kommen links auf der Höhe der „Freiwilligen Feuerwehr" zur Wassermühle.

Info

**Ovelgönnes Wassermühle** ist mit einem Teich, Bänken und einem Kinderspielplatz verbunden. Auch wenn sie vielleicht etwas bescheiden erscheint, kann sie doch auf ein Alter von mehr als 300 Jahren zurückblicken: seit 1674 steht sie hier. Respekt, daß sie dann und wann ihren Mahlpflichten noch nachkommt - allerdings nur an Sommersonntagen.

Auf dem bekannten Heuweg setzen wir unsere Fahrt fort und radeln über die Kreuzung „Am Mühlenberg" aus Ovelgönne heraus. Weiter über die folgende Kreuzung vor dem Wäldchen mit dem 52 m hohen Vierberg. Auch ein paar Hügelgräber finden sich hier. Um einen Anstieg kommen wir nicht herum, fahren wieder abwärts und achten auf eine weitere Kreuzung vor einem Kies- und Zementwerk. Hier radeln wir rechts durch Felder, vorbei an einem kleinen Gehölz. Noch eine Kreuzung bringt uns an den Grauener Weg, der als geradlinige Betonstrecke durch Felder nach Immenbeck führt. Am Ardestorfer Weg (mit Reetdachhaus) radeln wir links zwischen ein paar Höfen hindurch und mit der Straße Inne Beek links. Mit einem Altländer Hof an der mit Birken bestandenen Straße lassen wir Immenbeck hinter uns.

Nach knapp 500 Metern biegen wir rechts in die Felder, unterqueren zwei Stromleitungen und nehmen in Begleitung von Obstplantagen den Betonweg nach Westen, auf Pippensen zu. Hier können wir Nahrhaftes kaufen: neben Obst und Gemüse auch Wurst und Schinken. Wir folgen dem Radweg links und biegen nach etwa 500 m rechts in die Heimbrucher Straße. In ihrem grünen Band erreichen wir nach einem guten Kilometer im Rechtsbogen abwärts Heimbruch. Links führt ein (für Autos gesperrter) Feldweg zwischen zwei Scheunen auf die Este zu. Unter einer Holzbrücke fließt sie beschaulich dahin. Der Weg ist nicht von bester Qualität, teils mit Fahrspuren, teils sandig. Wie er sich zeigt, hängt auch vom Wetter ab, sodaß wir notfalls schieben

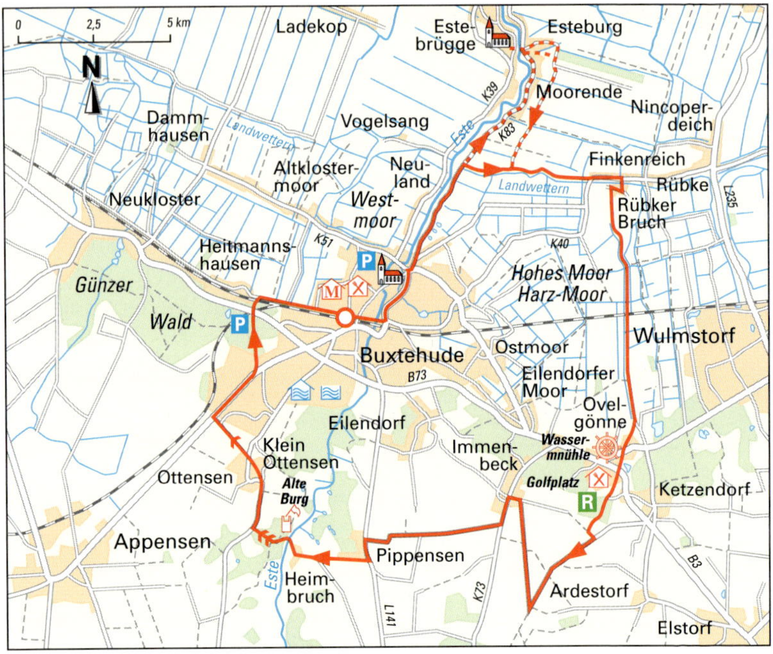


müssen. 500 m hinter der Brücke erreichen wir auf einer Steilstrecke durch ein Waldstück bei einem Kies- und Mörtelwerk die Nindorfer Straße. In der Fortsetzung nach rechts kommen wir nach Ottensen, vorbei an einem Pferdehof. Der Föhrenweg bringt uns in einer von Birken gesäumten Straße mit geringem Anstieg auf die querlaufende Apenser Straße zu, deren Radweg wir rechts nach Buxtehude folgen.

**Info**

In **Buxtehude** beginnt linkerhand der „Wettloopsweg", den wir dem niederdeutschen Schriftsteller Willem Schröder verdanken. Er bearbeitete eine alte Tierfabel und verlegte sie „up de Buxtehuder Heid'". Da sind wir nun. Die heitere Wettlaufgeschichte ist aus dem vorigen Jahrhundert bis heute lebendig geblieben. Buxtehuder Lokalpatriotismus hat sie inzwischen „genau" lokalisiert...!

Wir folgen dem Weg zuerst zwischen Häusern und auf der Höhe einer Info-Tafel geradeaus in den Wald. Wenn wir einen knappen Kilometer zurückgelegt haben, stoßen wir auf einen Parkplatz der B 73. Davon konnte zur Zeit des Heide-Wettlaufs noch nicht die Rede sein. Wir müssen heute vorsichtig über diese Straße und kommen abwärts zum Waldrand und über einen beschrankten Bahnübergang in eine Querstraße. Mit ihrem Radweg parallel zur Bahn erreichen wir nach 2 Kilometern Buxtehudes Bahnhof.

## Stade - mittelalterliche Romantik im Norden

Maler haben es zuerst entdeckt

„Nordlichter" müssen nicht nach Rothenburg oder Dinkelsbühl reisen, um mittelalterliches Kolorit unversehrt und stilvoll zu erleben. Seit **Stade** zu Beginn des Jahrhunderts von entdeckungsfreudigen Zeichnern und Malern aus seiner Abgeschiedenheit entdeckt wurde, ist es als „Tor zum Alten Land" allmählich bekannter geworden. Zumal da seine idyllischen Straßen an der Schwinge von den Zerstörungen des Krieges verschont blieben.

Schon vor Christi Geburt waren die Ländereien an der Elbe gut besiedelt. Lebhafter Handel lief hier entlang. Hamburg blieb bis zum 17. Jahrhundert hinter Stade nur zweiter Sieger. Man braucht nur die das Stadtbild prägenden Kirchen des 13./14. Jahrhunderts zu sehen, um den Rang Stades als Mitglied der Hanse zu erkennen. Wenn die Elbe, an der die Stadt damals noch mit der Mündung der Schwinge lag, nicht versandet wäre, könnte Stade noch heute blühen. Sicher aber hat sich Stades Altstadt über alle Nöte hinweg ein liebenswertes Gesicht bis aufs 16. Jahrhundert zurück bewahren können. Das inzwischen restaurierte **Johanniskloster** der Franziskaner reicht sogar - trotz erheblicher Unbilden - bis in den Ursprung aus dem 13. Jahrhundert.

Was sollten wir uns in Stade - vor oder nach unserer Radtour - anschauen? Zuerst die Bebauung „Am Wasser West" und „Am Wasser Ost", prächtige Fassaden, unter denen der alte, aber seit 1977 erneuerte **Tretkran** des 16. Jahrhunderts (im 17. abgebrannt und erneuert) den Handel der Hansestadt lebendig werden läßt. An der traditionsreichen Hökerstraße, heute den Fußgängern vorbehalten, steht das **Rathaus** mit seinen Sandsteinsäulen und barocken Symbolfiguren. Der dem Stadtbrand von 1659 zum Opfer gefallene Bau von 1279 wurde 1667 erneuert. Wer vorbeikommt, sollte auch einen Blick ins Innere werfen. Das gilt auch für den über 40 m langen Backsteinbau des Schwedenspeichers von 1692, da er inzwischen seit 25 Jahren zum **Stadtmuseum** geworden ist und vielerlei aus Stades Geschichte zu schauen gibt.

In der Blütezeit des 14. Jahrhunderts besaß Stade - weit kleiner als heute! - vier große Kirchen, drei Klöster und drei Kapellen. Geblieben sind zwei der großen Kirchen und das restaurierte Johanniskloster. Die nach der Reformation evangelisch gewordenen Kirchen tragen die Namen von S**t. Wilhadi** und **St. Cosmae et Damiani**. Beide sind einen Besuch wert. Zu unterscheiden sind sie dank der sogenannten „Schiffermütze" von St. Wilhadi, während die dem Rathaus nahe andere Kirche einen dicken Zwiebelturm mit seiner Helmspitze trägt. Beide sind typische norddeutsche Backsteinkirchen von 52 m(St. Wilhaldi) und 44 m (Cosmae/Damiani) Länge. Beide weisen eine reiche Innenausstattung auf, in der jeder Besucher die eine oder andere Kostbarkeit nach seinem Geschmack findet. Wer weniger Kunstverständnis besitzt, kann sich auf der Stade vorgelagerten Insel im **Freilichtmuseum** ergötzen. Es wurde nach skandinavischem Vorbild schon vor dem Ersten Weltkrieg begonnen. Auf ihm stehen typische Bauten aus dem Alten Land - von Bauernhäusern bis zu Prunkpforten und einer Bockwindmühle. Selbstverständlich fehlt es neben dem Belehrenden auch am Unterhaltsamen nicht. Heimatliches Wissen vermitteln ein **Heimatmuseum** und ein privat begründetes und betreutes **Museum im Baumhaus**. Bei diesem „Baum" handelt es sich um den Wasserschlagbaum, der einst die Schiffsdurchfahrt in den Hafen regulierte und abends quer über die Fahrstrecke gelegt wurde. Auch sorgte er dafür, daß die Hafengebühren kassiert werden konnten.

12

# Auf dem Obstmarschenweg zwischen Elbe und Schwinge

## Plantagen wachsen aus dem Moor

### Toureninfos

km etwa 28 km

START Stades Bahnhof

Die fast ganz ebene Strecke wechselt zwischen den lebhaft befahrenen Landschaften nahe dem Elbdeich und den einsamen Wegen zwischen den aus dem Moor gewonnenen Plantagen.

Viele Möglichkeiten in Stade. Twielenfleth: „Fährhaus", Am Deich 43.

Stade: Hallenbad, Hollern-Twielenfleth: beheiztes Freibad mit Einschwimmhalle.

Schwedenspeicher-Museum, Di - Fr 10 - 17, Sa + So 10 - 18, Mo geschlossen. Heimatmuseum, Inselstr. 12, Di - Fr 10 - 13, 14 - 16, außer jedes zweite und vierte Wochenende im Monat. Freilichtmuseum auf der Insel (Mai - September) tägl. 10 - 13, 14 - 17, Mo geschlossen. Kunsthaus, Wasser West 7, wie Schwedenspeicher. Privatmuseum Baumhaus, Wasser Ost 28, nach Voranmeldung 04141 / 45 343.

i Fremdenverkehrsamt, Bahnhofstr. 3, Tel. 04141 / 40 14 50, Fax 40 14 57.

Info

Als „Obstmarschenweg" wird die Straße bezeichnet, die von Hamburg her über Neuenfelde und Jork das Alte Land nach Stade durchzieht, sich aber auch weiter nach Norden bis Wischhafen (Fähre nach Glückstadt) und Freiburg fortsetzt. Es ist eine Welt der **Obstplantagen** mit Millionen Stämmen. Wir genießen diese Strecke besonders in der Färbung der Obstblüte und zur Ernte. Dabei wird das schwierige Problem dieser Landschaft deutlich: wer pflückt diese Obstmengen? Mit Löh-

Info

nen auf deutschem Niveau (und den Lohnnebenkosten) stünden die deutschen Obstbauern ohne Chancen gegenüber dem Importobst. Zum Glück haben sie in ausländischen Hilfskräften zu Niedriglöhnen eine wichtige Hilfe gefunden. Denken wir an solche fleißigen Hände, wenn wir in den Apfel aus dem Alten Land beißen!

Von Stades Bahnhof biegen wir von den Anlagen links auf „Salztors Contrescarpe" und radeln am Wall mit Bäumen und Bänken entlang. Beim Passieren des Segelhafens bietet uns der Fuß-Radweg einen reizvollen Blick auf die Altstadt mit ihren beiden Kirchtürmen. Nach 800 m überqueren wir die Altenländer Straße und fahren auf der Straße am Schwingedeich weiter durchs Gewerbegebiet. Dabei passieren wir eine kleinere Schiffswerft und haben den Blick auf die ersten Obstplantagen. Nach 1,5 km erreichen wir das Schleusenhäuschen von Wörden. Wenn wir nach links einen Abstecher auf den Deich machen, zeigt sich die moderne Schwinge-Brücke. Am Obstlagergebäude entfernen wir uns wieder vom Deich. Nach wenigen Metern unterfahren wir eine Brücke und überqueren die eingleisige Schienenstrecke.

An der folgenden Gabelung nehmen wir links den Weg in Richtung Melau, der im Ort eine weitere Gabelung rechts folgt. Bei der Kreuzung nach 700 m halten wir uns links. Vor dem Deichdurchbruch radeln wir weiter nach rechts und vor dem Deich an Obstplantagen sowie einem kleinen Teich entlang. Der Blick fällt auf das Kernkraftwerk von Bassenfleth, das uns jetzt ein Stück „begleitet". Es geht an der Obstlagerhalle vorbei, bis wir nach 500 m mit der Querstraße Bassenfleth erreicht haben. Unsere Fahrt führt links zwischen Deich und Obstplantagen. 700 m weiter geht es mit einem Rechtsbogen über die Bahn. Kurz danach links in „Butendiek" durch den Deich und erneut über die Bahn. Auf einer breiten Asphaltstraße rollen wir links vom Deich auf die danach folgende Hebebrücke von Bassenfleth zu. Wer will, kann hier einen Abstecher nach Stadersand hinzufügen. Von der Brücke steuern wir erneut Bassenfleth an, das ein reiches Angebot von Plantagen aufweist.

Nach einer Fahrt von knapp zwei Kilometern stoßen wir auf die Bassenflether Chaussee. Über sie radeln wir vorsichtig hinweg und orientieren uns links in Richtung Twielenfleth. Vielleicht haben wir Glück und begegnen am Deich dem Schäfer mit seiner Herde. Rechts blicken wir auf eine typische Pforte und ein Altländer Haus mit Spruch rechts. Über Treppen können wir den mit Bänken besetzten Deich zu Fuß erklimmen. Bei geöffneter Deichauffahrt können wir diese benützen und unsere Fahrt auf der zur Elbe gewandten Seite des Deichs fortsetzen. Damit genießen wir den eindrucksvollen Ausblick zum Elbstrom. Bald folgen alter und neuer Leuchtturm, und wir sind in Twielenfleth.

**Info**

Hier nehmen wir Kurs auf die **Windmühle** mit dem Namen „Venti Amica", was für die Lateinkenntnisse des Mühlenbauers spricht: Freundin des Windes heißt das. Die stattliche Mühle kann besichtigt werden - Voranmeldung unter 04 141 / 78 18. Die Kirche von Twielenfleth ist nicht alt, Baujahr 1819, aber zeigt sich als hübscher Fachwerkbau mit ansprechender Innenausstattung. An der Westseite der Kirche steht der ältere Glockenturm aus Holz von 1615.

Auf dem „Durchweg" (ist das nicht ein hübscher Name?) stoßen wir auf eine links führende Querstraße, auf der wir nach einem Kilometer - hinter der Brücke der Steinkirchener Moorwettern - rechts nach Bachenbrock kommen. Jetzt nimmt uns die mit Obstbäumen dicht besetzte Welt des Steinkirchener Moors auf. Häuser fehlen hier. Hinter Bachenbrock halten wir uns an der Querstraße auf dem schmalen Teerweg rechts. Unser Blick fällt auf die Agathenburg links.

Blick auf Stade mit seinen beiden alten Kirchen: Links St. Wilhadi (mit „Schiffermütze"), rechts Zwiebelturm mit Helmspitze von St. Cosmae et Damiani

**Info**

Das heute von der Stader Saatzucht genutzte „Schloß" (eher ein **Herrenhaus** des Adels) wurde 1655 vom schwedischen Grafen von Königsmarck errichtet. Er benannte es nach seiner Frau. Königsmarck war zur Zeit der schwedischen Besetzung von Stade Generalgouverneur. Ein Brand vernichtete 1921 die Innenausstattung, die aber wiederhergestellt wurde. Von der ursprünglichen Ausstattung sind nur zwei alte Kachelöfen erhalten. In dem Backsteinbau mit Treppenturm finden heute Ausstellungen und andere Veranstaltungen statt.

Bei unserer Weiterfahrt am Hinterdeich überqueren wir der Reihe nach die Steinkirchener Moorwettern und die Hollerner Moorwettern, die auf der anderen Seite des Deichs parallel mit unserer Fahrstrecke fließen. 5 km lang durchradeln wir dieses Reich der Obstbäume. Nun biegen wir parallel zur Straße im Bogen nach rechts und überqueren die Hollerner Binnenwettern. Links kommen wir der Straße näher, auf deren Ampelkreuzung wir stoßen. Es geht über die Buxtehuder Straße, sodaß wir den Radweg auf Stade zu einschlagen können. Die bekannten Kirchtürme liegen vor uns. Nach 1,5 km überqueren wir die Bahn und nehmen den Weg zum Bahnhof zurück.

## Wedel und Schulaus „Willkommhöft"

Im Zeichen des Roland: Rist und Barlach

Rund 25 km trennen **Wedel** von Hamburg - nur eine kurze Anfahrt (40 Minuten) mit der S-Bahn vom Hauptbahnhof. So steht die elbnahe Stadt mit 31.000 Einwohnern mit der 4,60 m hohen Rolandsgestalt am Markt im Bannkreis der um vieles größeren Hansestadt. Sozusagen eine der ersten Etappen, wenn wir aus Pöseldorf oder St. Pauli in die grüne Natur streben. In Wedel, wo die S-Bahn 1 ihr Ende findet, beginnt die grüne Radellandschaft schon nahe dem Bahnhof. Und zum Willkommhöft an der Elbe, Visitenkarte von Hamburgs Hafen für die einlaufenden Schiffe im Ortsteil **Schulau**, ist es auch nicht weit. Kein Wunder, daß hier oder im benachbarten Rissen manche Hamburger Geschäftsleute ihren Wohnsitz genommen haben. Sie radeln von der Haustür los.

Über viele Jahrhunderte war Wedel seit seinen mittelalterlichen Anfängen ein beliebter Markt- und Fährplatz, der erst vor 120 Jahren zur Stadt wurde. Die Fähre über die Elbe brachte im 16. und 17. Jahrhundert die Ochsen aus Jütland vor Hamburgs Tore. In Wedels Glanzzeit bis 30.000 Stück im Jahr, die ihren Weg über Wedels Marktplatz nahmen, wo der Roland, wohl ein symbolhaftes Abbild von Karl dem Großen, als Zeichen der Marktgerechtigkeit den Handel „überwachte". Es muß ein faszinierendes Bild gewesen sein, wie die Herden der Ochsen vom Elbufer in das betriebsame Dorf strömten. Es verging vor einem Jahrhundert und wurde erst 1987 als Mini-Markt wieder erneuert. Anfangs war der Roland noch eine Holzfigur, die freilich der Witterung nicht standhielt, sodaß man sie 1585 aus Stein erneuerte. So sah sie ab 1635 Wedels **Pastor Johann Rist**, der den Namen Wedels bekannt machte. Nicht als Kirchenoberhaupt, sondern als Dichter und eine der originellsten Figuren der Barockliteratur. Bis heute stehen einige seiner insgesamt 658 geistlichen Liedtexte im Gesangbuch. Aber auch 30 Dramen verfaßte er, von denen wir leider nur noch fünf überliefert bekamen. Als Vorläufer Gerhart Hauptmanns, der Schlesisch auf die Bühne brachte, ließ er die in seinen Stücken auftretenden Bauern nicht hochdeutsch, sondern platt sprechen. Der schreibfreudige Gottesmann gründete auch im Geist seiner Zeit einen der Kultur verpflichteten „Elbschwanenorden", dessen Mittelpunkt er war. Vor Wedels Kirche steht heute sein Denkmal. Ob die Wedeler gelegentlich etwas von ihrem bedeutenden Dichter lesen?

Mit **Ernst Barlach** (1870 - 1938) kann sich Wedel mit einem anderen Großen verbunden fühlen. Der Bildhauer und (weniger bekannt) Dichter wurde hier nicht nur geboren und verbrachte seine ersten acht Jahre in Wedel, sondern kehrte 1893 nochmals einige Zeit zurück. Sein Geburtshaus in der Mühlenstraße 1 kann heute als Museum besucht werden. Neben Ratzeburg in Holstein und Güstrow in Mecklenburg kann sich Wedel mit Recht als Barlachstadt bezeichnen. Wenn wir das Barlach-Museum besuchen, achten wir auch auf das Haus Schauenburger Straße 4, das 1758 erbaut wurde und als „Reepschlägerhaus" (Seilerhaus) zu den ältesten der Stadt gehört. Daß selbst namhafte touristische Führer Barlach (gegenüber Hotels und Restaurants) „unterschlagen", entspricht wohl landläufig fehlenden Interessen...

Die gelten beim Wedel-Besuch um so mehr dem an der Elbe im Ortsteil Schulau gelegenen **Willkommhöft**, einer Idee aus dem Jahr 1952 eines pfiffigen Unternehmers. Seitdem werden alle Schiffe mit mehr als 500 BRT mit Nationalhymne und Flagge begrüßt und von den Restaurantgästen gebührend registriert. Wer beim Gedanken an Pastor Rist nach Wedels Kirche Umschau hält, findet sie zwar am Markt, aber sie brannte 1943 aus und wurde nach 1950 erneuert.

**13**

# Von der Elbe ins Schnaakenmoor

## Wildgehege Klövensteen zwischen Hamburg und Holstein

### Toureninfos

km etwa 25 km, ausgenommen Abstecher

START S-Bahnhof Wedel

Nur geringe Steigungen, sodaß wir bequem fahren. Auch die einige Male über doppelspurige Betonbahnen laufenden Strecken sind mühelos zu bewältigen.

Wedel hat ein vielseitiges Angebot. Schulau: Schulauer Fährhaus mit Elbaussicht, Terrasse, ohne Ruhetag. Holm: Landhaus zu den Karpfenteichen, Terrasse, Biergarten.

Freizeitbad Schulauer Straße, Hallenbad Rudolf-Breitscheid-Straße.

Barlach-Geburtshaus, Mühlenstr. 1, Di - So 10 - 12, 15 - 18, Mo geschlossen. Heimatmuseum, Küsterstr. 5. Buddelschiffmuseum (über 200), täglich 10 - 18, im Winter nur Mi, Sa, So. Auskunft: 04103 / 83 094, Fax 23 03.

i FV-Info, Rathausplatz 3 - 5, 22 880 Wedel, Tel. 04103 / 707-0.

Unser Start in Wedel erfolgt vom Rathausplatz aus, der bemerkenswerterweise unmittelbar am S-Bahnhof liegt. Vom Rathaus, einem amtlich wirkenden Klinkerbau, nehmen wir die als Einbahnstraße angelegte Bahnhofstraße, die uns mit einem Radweg das Fahren angesichts des lebhaften Stadtverkehrs erleichtert. Von ihr wird es mit der Straße Rollberg (leicht ansteigend) und ihren grün eingewachsenen Einfamilienhäusern sozusagen privat. Wenn wir rechts in die Parnaßstraße einbiegen, sehen wir bald die Elbe vor uns. Zugleich bemerken wir zur Linken das Schulauer Fährhaus mit seinem „Willkommhöft". Es gehört zu den Zielen, die wir jetzt oder aber am Ende unserer Tour besuchen müssen.

**Info**

**Schulau:** Hier zeigt sich Hamburg beinahe maritimer als im Hafen, denn „Pott auf Pott" ziehen die mit Kurs auf Hamburg fahrenden Schiffe hier vorüber. Ein Sprecher verrät, was jedes Schiff interessant macht, und die zugehörige Nationalhymne erklingt. Die heimische und die ausländische Flagge werden „gedippt". Dies alles als Kulisse zum Kaffee oder einer Mahlzeit. Dabei hört mancher zum ersten Mal Hamburgs Stadthymne „Heil über dir, Hammonia", die 1828 als Schlußmelodie eines Schauspiels erklang. Ab 8 Uhr morgens beginnt das Spektakel und endet erst mit Einbruch der Dunkelheit. Für Hamburg sozusagen eine Jahrhundertidee!

Wir fahren weiter durch eines der metallenen Schleusentore, die (übrigens auch für elbnahe Grundstücke) dem Schutz vor Elbhochwasser dienen und im Ernstfall rasch geschlossen werden können. Die Strandstraße führt uns im Rechtsbogen vorbei an Hotel und Werft und durch den Deich auf die Schulauer Straße mit ihrem Radweg. Links erblicken

Das Theaterschiff „Batavia" in der Wedeler Au gehört seit 25 Jahren zu den Wahrzeichen von Wedel

wir ein Freizeitzentrum. Das anschließende Marschland ist mit Kühen landwirtschaftlich genutzt. Über die Wedeler Au und die Austraße kehren wir mit der Rolandstraße in die Stadt und zum Markt zurück. Vor uns steht der Roland. Mit seinem Namen schmückt sich beinahe jedes Geschäft.

**Info**

**Wedels Roland** entstand bereits im frühen Mittelalter, als die Schauenburger Grafen damit die Marktgerichtsbarkeit anzeigen wollten. Die erste Gestalt aus Holz litt dermaßen unter dem Klima, daß 1585 eine zweite aus Stein sie ablösen mußte. Die ein wenig steif wirkende Gestalt mit der kreuzgeschmückten Krone soll Karl den Großen darstellen. Das Standbild wurde mehr als einmal restauriert. Was mag es für ein Bild gegeben haben, als im 16./17. Jahrhundert die Ochsen aus Jütland hier gehandelt wurden. Wenn der Roland erzählen könnte...! Etwa in einem Dutzend norddeutscher Städte - am berühmtesten ist Bremen! - haben solche Rolande die Zeiten bis heute überdauert.

Ein kurzes Stück zurück biegen wir vor der Wedeler Au rechts in den Brooksdamm, der autofrei ist. Hier liegt an der Stockbrücke seit 1974 das Theaterschiff „Batavia", das mit über 100 Veranstaltungen im Jahr das Wedeler Kulturleben bereichert. Allerdings bleibt das Schiff fest im alten Wedeler Hafen, da die später angelegte Durchfahrt ihm das Verlassen des Liegeplatzes nicht erlaubt. Wir radeln an ihm vorbei ins Landschaftsschutzgebiet, in dem Kühe weiden, und über den Deich in die Marsch. Hier durchqueren wir einige Obstplantagen, bis wir am Schild „Obstparadies" mit dem Auweg rechts biegen. Danach gelangen wir, leicht ansteigend, in ein Wohngebiet mit gefälligen Landhäusern. Östlich der Wedeler Marsch fahren wir durch den Ansgariusweg und in die Helgolandstraße.

Tip

Ein **Abstecher** nach links erinnert mit der Hatzburgtwiete an eine frühgeschichtliche Wallburg, die den Elbübergang bewachen sollte. Nachdem sie im Dreißigjährigen Krieg zerstört wurde, ist sie spurlos verschwunden. Ausgegrabene Funde können im Museumshaus in der Küsterstr. 5 besichtigt werden.

Wenn wir die Holmer Straße mit dem Radweg links einschlagen, passieren wir eine Gärtnerei und eine Obstplantage und halten uns nach 700 m an die Hosegtwiete, der der Hosegstieg folgt. Die Grundstücke an dem schmalen Fußweg können sich sehen lassen. Allerdings müssen wir uns am Ende unseres Pfades erneut zur Holmer Straße orientieren. Ihrem Radweg folgen wir zum Sauerbeeksweg mit seinen Fischteichen, die mit dem „Landhaus zu den Karpfenteichen" verbunden sind, das zur Einkehr einlädt. Hinter den Teichen, womit wir am Marschrand sind, ist die Gabelung nach rechts mit einer zweispurigen Betonbahn verbunden. Die Fortführung ist geteert und führt zur Hetlinger Straße. Hier kurz rechts und am Transformatorenhäuschen links vorbei zu einer erneuten Betonbahn. Mit ihr sind wir am Ortsrand von Holm, das sich mit seinem Ortsschild ein Stück weiter vorstellt. Unsere Fahrt durch Im Esch und links An den Köppeln, links An den Wischen (mit kleinem Windschöpfwerk) und durch Steenwischtwiete über die Kreuzung der Hörnstraße führt schließlich, zuletzt von Baumschulen begleitet, zur B 431. Nicht mehr als 30 m radeln wir auf ihr nach rechts und dann in den Hochmoorweg mit doppelter Betonspur.

Unter Eichen rollen wir durch ein Gelände von Wiesen und Weiden bis zur Kreuzung nach 800 m. Vor dem zweiten Bauernhof biegen wir rechts in den geteerten Deelenweg, von dem wir auf den nach 500 m links abzweigenden Bredhornweg achten. Nach Baumschulen passieren wir am Rand von Holm (diesmal dem nordöstlichen) ein Gewerbegebiet und nach der Straßenkreuzung mit dem Kreuzweg durch Landschaftsschutzgebiet. Wer will, kann beim Hof Achtern Barg (also: hinterm Berg) die jeweils aktuellen Landprodukte kaufen. Wir folgen geradeaus der doppelten Betonspur und biegen nach 400 m am Querweg vor den Holmer Sandbergen dem Weg „In der Heide", der durch ein Stück Kiefernwald führt, gefolgt vom Eggenkamp mit Gärten und Baumschulen. Mit einer Fahrt von 1,5 km stoßen wir an der Kreuzung auf den Holmer Grenzweg mit seinem Parkplatz. Über ihn hinweg erreichen wir die Pinneberger Straße und über sie den Fährenkamp mit seinen einladenden, schön bewachsenen Grundstücken.

Durch ein Wäldchen mit Birken und danach Viehweiden radeln wir am links gelegenen Buttermoor vorbei. Moore bestimmen dieses Gebiet nördlich von Wedel, so auch das Sandbargsmoor. Hier und da verzieren Seerosen die morastigen Tümpel. Unsere Straße führt uns, von Bäumen flankiert, über nahezu 3 km von Ost nach West an den Rand des Geheges Klövensteen. Damit sind wir bereits - ja, in Hamburg. Auf dem querlaufenden Schotterweg (auf dem wir auch Reitern begegnen können) halten wir uns rechts. Hinter Feldern und einer Kreuzung beginnt der „Erholungswald". Wir folgen dem Sandmoorweg, von dem Reitwege abzweigen und der mit Informationstafeln zum Thema Wald versehen ist. Außerdem können wir uns von einem Picknickplatz einladen lassen. Am Waldrand und durch ein Feldstück stoßen wir auf einer Kreuzung am östlich gelegenen Naturschutzgebiet Schnaakenmoor auf eine Aussichtsplattform. Ein Parkplatz verrät, daß auch Autos hier Zufahrt haben. Von der Höhe der Plattform blicken wir über das im Wildgehege äsende Damwild, ein beliebtes Naturziel von Wedel aus. Um dorthin zu kommen, benötigen wir den Egenbüttelweg.

Wir erreichen ihn entweder von der Aussichtsplattform geradeaus oder über den Feldweg 84 links und nach 500 m rechts mit Rissens Straße Rüdigerau und ihren ansehnlichen Anwesen. Die Landschaft, die wir dabei passieren und die unter Naturschutz steht, verbindet Moor und Heide mit kleinen Wäldchen und einzelnen Dünenrelikten, eine typisch norddeutsche Romantik. Mit der Straße Rüdigerau stoßen wir auf den Sandmoorweg und mit ihm rechts in den Egenbüttelweg, den wir ja auch mit der anderen Strecke erreichen können. Das hier gelegene Lokal (Pineta) lädt erst nach 18 Uhr zur Einkehr. Mit dem Egenbüttelweg passieren wir, teilweise etwas rauh, ein kleines Waldstück und den Ortsteil Marienhof. Hinter der rechts abzweigenden

Otto-Hahn-Straße nehmen wir den Wanderweg, der im Rechtsbogen am Friedhof entlangläuft. Auf ihm ist übrigens Peter Frankenfeld begraben. An einem Kleingartengelände entlang leitet uns die geteerte Straße zur Autalstraße. Nun zeigen sich die Häuserblocks von Wedel zur Linken. Mit dem Radweg der Straße Autal geht es über die Wedeler Au. Hinter einer Kleingartensiedlung biegen wir vor der Bahnstrecke rechts in den Radweg, der uns mit Bänken zur S-Bahn-Station zurückführt.

## Die Wingst - Mini-Gebirge zwischen Hamburg und Nordsee

Genußvolle Fahrt an der Oste

Die nicht mehr als 25 Quadratkilometer, die die **Wingst** bilden, umfassen beachtliche 1.100 Hektar Wald. Von den Berg-Hügeln erreicht der Silberberg die Höhe von 74 m. Anderswo wären darüber nicht viel Worte zu verlieren. Aber mitten zwischen Hamburg und Nordsee hat es Seltenheitswert. So hat es sich - dank Auto - zu einem beliebten Ausflugsgebiet entwickelt, ist aber auch mit der Bahn an der Strecke Hamburg-Cuxhaven zu erreichen. Allerdings kommen wir um anderthalb Stunden Fahrzeit nicht herum. Auch wenn diese „Geestinsel", wie es die Geologen nennen, inmitten des Marschlandes mit Historie bescheiden dran ist, lassen doch Steingräber eine frühe Besiedlung vermuten. Sogar die Römer sollen, wie Münzfunde ahnen lassen, hierher gekommen sein. Die älteste Kirche aber ist nicht älter als 1734 - im Ortsteil Oppeln.

Ein historisches Glanzlicht bildete 1837 der **Fahlenberg** (61 m) als Standort für einen der damals beliebten optischen Telegraphen. Heute behauptet er, der „Deutsche Olymp" zu sein, der seit 1973 einen 30 m hohen Fernsichtturm aus Stahlbeton und eine Gaststätte trägt. Damit wird unterstrichen, daß die Wingst mit 3.500 Einwohnern (und dem Ortsteil Dobrock einbezogen) die Trumpfkarte Tourismus ausspielt. Rund ein Dutzend gastliche Häuser und 400 Gästebetten stehen zur Auswahl. Ein „Baby-Zoo" hat sich auf Tierkinder aller Art konzentriert.

Auch ein **Waldmuseum** und eine Reitanlage locken Gäste her. Nicht zuletzt kommen Wanderer und Radfahrer wie wir auf ihre Kosten. Der früher zum Baden beliebte Balksee mit Freizeitvergnügen ist einem Naturschutzgebiet „zum Opfer" gefallen. Von einer Aussichts- und Infostation läßt sich die Natur nicht mehr genießen, sondern wenigstens noch betrachten. Ein Verlust für die Wingst.

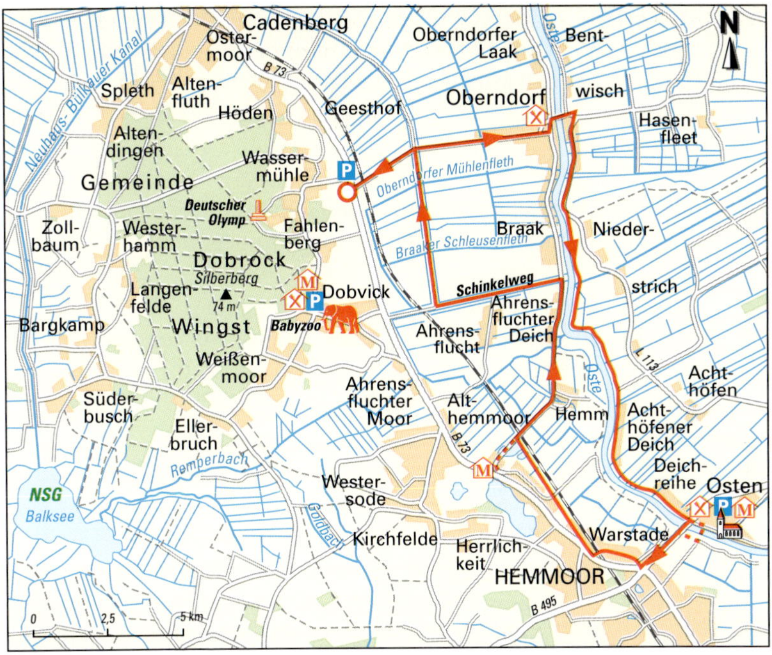


## 14

# Von der Wingst zur Oste und ihrer Schwebefähre

## Das Rad für eine Schiffahrt abstellen

### Toureninfos

km: etwa 26 km und 2 km Abstecher

START: Bahnhof Wingst (jede Stunde mit Regionalbahn)

Wer eine Rundfahrt um die Wingst macht, muß im „gebirgigen" Gelände mit einigen Steigungen rechnen. Die Tour an der Oste verläuft bis auf eine Brückenauffahrt in ebenem Gelände. Wer es zeitlich einrichten kann, sollte die Schiffahrt auf der Oste einbeziehen. Auskunft: Oste-Schiffahrt, 21 745 Hemmoor,

Tel. + Fax 04 771 / 38 43. Der „Kuchen-Dampfer", wie sich die „Mocambo" nennt, verkehrt ab Ostern bis Mitte November. Einkehr. Gute Auswahl (auch gehobener Art) im Bereich der Wingst. In Osten: „Fährkrug" bei der Schwebefähre, Terrasse, Kaffeegarten.

Im Balksee nicht mehr. Hallen- und Freibad Am Dobrock. In Hemmoor-Basbeck: Heidestrandbad und Hallenbad.

Aussichts- und Infostation am Naturschutzgebiet „Balksee mit Randmooren". Baby-Zoo - mit Streicheltieren. Osten: Heimat- und Buddelmuseum, nach vorheriger Anmeldung Tel. 04 771 / 52 54. Fährmuseum mit Schwebefähre.

Kurverwaltung, Hasenbeckallee 1, 21 789 Wingst, Tel. 04778 / 81 200, Fax 81 20 29.

Wenn unser Ausgangspunkt der Bahnhof Wingst ist, folgen wir der Bahnhofstraße in Richtung Oberndorf. Vorbei an einem Picknickplatz radeln wir durch eine Allee hoher Pappeln, bis wir nach reichlich 2 km über die Wettern Oberndorf erreichen. Ein Wegweiser führt uns zur Ostebrücke, vor der ein Pavillon „Radlers Rast" lockt.

Info

Lange Zeit war die **Oste** als Verkehrshindernis hierzulande recht unbeliebt. Hätte man Brücken gebaut, wäre der Schiffsverkehr behindert worden. Fähren litten darunter, daß der Wasserstand durch Flut und Ebbe der Nordsee erheblich beeinflußt wurde. Ganz zu schweigen vom winterlichen Eis. So war es ein wegweisender Gedanke, als zu Beginn des Jahrhunderts bei Osten eine Schwebefähre errichtet wurde. Ab 1909 war die Oste damit kein Hindernis mehr. Schließlich wurde 1974 eine stattliche Brücke errichtet, die auch Schiffen die Durchfahrt ermöglichte. Damit wurde die Schwebefähre eigentlich überflüssig, blieb aber als technisches Baudenkmal und touristische Attraktion erhalten. Während andere Schwebefähren abgebaut wurden, hat sich die von Osten behauptet. An einem stählernen Trägerbau, der 80 m lang den Fluß überbrückt, hängt eine Fährgondel für Personen und Wagen. Sie ist 16 m lang und 4.30 m breit. Zwei Elektromotoren von 10 PS ermöglichen eine Geschwindigkeit von 50 cm je Sekunde. Eine Fahrt über die Oste erfordert demnach etwa 3 Minuten. Im Sommer finden mehrmals täglich touristische Überfahrten statt. Abfahrtszeiten sind an der Fähre bekanntgemacht. Telefonische Auskunft: „Fährkrug", 04771 / 39 22, Fax 23 38.

Mit einer Länge von 145 km ist die Oste der größte Nebenfluß der Elbe in Niedersachsen. Der aus der nördlichen Heide kommende Fluß entspringt bei Tostedt und windet sich kurvenreich durch die Moorlandschaft. Dank Eindeichung ist er zwischen Bremervörde und Mündung schiffbar. Das Ostesperrwerk bei Neuhaus (an

Info

der Oste) gleicht die Einwirkungen der Nordsee-Tiden (Ebbe und Flut) auf den Fluß aus. Die Kirche von **Oberndorf** ist ein Backsteinbau von 1653, dessen Westturm aus der Zeit um 1300 stammt und erst 1717 seinen Pyramidenhelm erhielt. Dank der Tatsache, daß der Künstler Jürgen Heitmann in Oberndorf ansässig war, konnte er für das Innere der Kirche ansehnliche Werke schaffen: Kanzel mit Kanzelaltar, Kreuzigungsgruppe und Taufengel. Oberndorfs Ostebrücke kann nur einspurig befahren werden, sodaß eine Ampel den Verkehr regeln muß. Damit Schiffe passieren können, ist sie als Hebebrücke angelegt.

Wenn wir unsere Fahrt über diese Brücke bewältigt haben, radeln wir, durch Begrenzungspfähle hindurch, in die Fährstraße. An ihr befand sich (vor dem Brückenbau) früher der Anleger der alten Fähre und an ihm das „Alte Fährhaus" mit seiner reetgedeckten Scheune. Während die Fahrstraße nach links läuft, radeln wir dicht hinter dem Ostedeich rechts auf der mit 1 numerierten Radstrecke. So schmal sie ist, dürfen auch Autos auf ihr fahren - also Vorsicht!

Mehr als 6 km können wir dieser reizvollen Strecke hinter dem Deich folgen, bei der sich weidende Schafe mit behaglich anmutenden Grundstücken und Häusern sowie Anstiegen zum Deich abwechseln. Gelegentlich sollten wir von der Deichhöhe einen Blick auf die Oste-Ufer werfen. Auch ein Gasthaus Sietwende passieren wir. Wenn wir uns dem Dorf Osten nähern, erblicken wir die Ostebrücke und die Schwebefähre.

Info

**Osten** hat knapp über 1.900 Einwohner und hieß früher Kirchosten. Im Mittelalter galt es als wohlhabend. Die ursprüngliche Kirche entstand schon im 12. Jahrhundert mit der Ansiedlung von Holländern zu Moorkolonisation. Aber sie wurde nach 200 Jahren durch eine von einer Sturmflut bewirkten Überschwemmung zerstört. Die heutige Kirche ist ein barocker Backsteinbau von 1746/47 und weist innen viel Stuckverzierung auf. Mit seiner Pyramidenspitze reicht der Turm weithin sichtbar in die Höhe. Das urige Fährhaus mit der angeschlossenen Schwebefähre geht aufs Jahr 1764 zurück und bietet mit dem Blick auf die Oste eine reizvolle Einkehr. Zwischen Schwebefähre und Oste-Brücke befindet sich der Anleger der „Mocambo" (aus dem portugiesischen „Glückseligkeit") für Fahrten auf der Oste. Das Schiff hat 60 überdachte Plätze und 20 auf dem Sonnendeck. Beliebt sind die Kuchenfahrten, die von Musik untermalt sind. Sie finden regelmäßig an Sonn- und Feiertagen statt, aber auch mit anderen Terminen am Vor- und Nachmittag bei ausreichender Beteiligung.

Vom „Fährkrug" halten wir uns erst parallel zur Oste und dann, rechts und links biegend, zur Brückenhöhe. Wir folgen dem Radweg über die Brücke zum jenseitigen Oste-Ufer. Möglicherweise läßt sich die Überfahrt (zur Freude von Kindern) auch über die Schwebefähre bewältigen. Von der Brücke erreichen wir nach rechts die B 73, die wir vorsichtig überqueren, und radeln im Linksbogen am Ortsrand von Hemmoor entlang. Wenn wir einen Kilometer zurückgelegt haben, rollen wir rechts an der Eisenbahnbrücke für Fußgänger vorüber und weiter parallel zur Bahnstrecke angesichts von Viehweiden und weiteren Ausblicken. Unter einer Brücke setzen wir die Fahrt fort, bis wir auf die Höhe des ehemaligen Bahnhofs Warstede-Hemmoor gelangt sind. Von der hier laufenden Querstraße können wir nach links einen Abstecher machen, der uns über die Bahngleise, vorbei am „Bahnhof" und einem Teich mit brütenden Schwänen, führt. Ein Schild warnt vor quer fliegenden Schwänen! Auf dem Radweg erreichen wir nach einem Kilometer die Ortsmitte von Warstede und die B 73.

Info

**Warstede** ist Sitz einer Fabrik von Portland-Zement. Sie hat hier ein Freilandmuseum angelegt, das vielerlei originelle Objekte aufweist: die Plastik eines Zementarbeiters, Teile einer alten Pferdebahn, Arbeitsgeräte aus der Vergangenheit.

Nach diesem Abstecher kehren wir zum ehemaligen Bahnhof zurück und fahren über die Gleise. Mit einem Radweg kreuzen wir den Graben Querwettern. Danach hört hinter dem Ort Hemm der Radweg leider auf. Einen Kilometer weiter sind wir am Ahrensfluchter Deich mit einem Schleusenhaus. An einzelnen Anwesen weiden Pferde. Noch einen Kilometer weiter folgen wir nach links dem Wegweiser Ahrensflucht, der uns mit einer schnurgeraden Piste allmählich die Wingst wieder ins Blickfeld kommen läßt.

Wenn der Weg sich vor Ahrensflucht gabelt, folgen wir rechts dem schmalen Weg nach Ostercadewisch. Wir fahren parallel zum Fleth rechts und überqueren mit einer Brücke den Braaker Schleusenfleth, danach den Oberndorfer Mühlenfleth mit einer Gärtnerei nebenbei. Links begleitet uns ständig der Blick auf die Wingst. Auf der folgenden Kreuzung stoßen wir auf die Bahnhofstraße, deren Radweg uns links zum Bahnhof Wingst zurückführt.

Graziöse Bewohner vom Baby-Zoo der Wingst >>

## Glückstadt - zwischen Elbe und Kremper Marsch
### Fürstliche Gründung vor dem Dreißigjährigen Krieg

Von drei deutschen Orten, die das verheißungsvolle Wort „Glück" in ihrem Namen tragen, liegen zwei in Schleswig-Holstein. Weil man hier so glücklich lebt oder weil man Glück so dringlich braucht? Jedenfalls war sich der Stadtgründer des beginnenden 17. Jahrhunderts, Dänenkönig Christian IV., der Symbolik des Namen bewußt. Voll Optimismus setzte er auf eine glückliche Entwicklung seines kleinen Ortes, denn „geht es glücklich so fort, so wird Glückstadt eine Stadt...". Das ist tatsächlich eingetroffen, wie die jetzige Einwohnerzahl von nahezu 12.000 beweist. Freilich des Königs kühner Wunsch, nach Glückstadts Gründung könne Hamburg ein Dorf werden, ist nicht in Erfüllung gegangen. Aber als Stadt mit durchaus individueller Note unter Schleswig-Holsteins Mittelstädten hat sich Glückstadt bis heute bewahrt. Wer sich auf dem Markt umsieht, kann sich deutlich vorstellen, wie die vom König veranlaßte und in der Anlage geplante Gründung wohlbedacht war. Von hier gehen sternartig die Straßen ab, was einst recht praktisch war, auch wenn es den heutigen Verkehrsanforderungen nicht gerade entgegenkommt. Am Markt steht, wie es sich gehört, auch das **Rathaus**. Den Beginn seines Baus 1642/43 erlebte der Dänenkönig noch mit. Aber als es den Notwendigkeiten im 19. Jahrhundert nicht mehr entsprach, rissen die Glückstädter es 1872 bis zum letzten Stein ab und - errichteten es anschließend im gleichen Stil der niederländischen Spätrenaissance wieder. Kein Schildbürgerstreich, wie man argwöhnen möchte. Denn die unzweckmäßige Innenaufteilung der Räume wurde unter neuen Gesichtspunkten geändert. Auch wenn die Marktfront sich kaum anders zeigt als vorher, war es ein neues Rathaus geworden, das freilich manchen Schmuck von einst wieder zur Geltung brachte. Innen hat man ein Porträt von König Christian IV. bewahrt. Jedenfalls spiegelt das Backsteingebäude mit der zweiläufigen Freitreppe, Hauptportal und Balkon städtische Würde. Schräg jenseits des Marktes steht die 1620 errichtete **Kirche**, die freilich nach Turmeinsturz 30 Jahre später erneuert werden mußte, wobei der Turm etwas niedriger wurde. Die Kirche hat einen geschichtlichen Rang insofern, als sie die erste war, die nach der Reformation in Holstein neu entstand. Innen ist sie durchweg auf Barock eingestellt, der sich in Kanzel, Altar und Triumphkreuz zeigt.

Wenn wir durch Glückstadt radeln, sollten wir nicht nur nach der Delikatesse Ausschau halten, für die Glückstadt weithin berühmt ist: Matjeshering, der als Spezialität (mit festlichen Matjeswochen Juni/Juli) angeboten wird. Zum Gesicht der Stadt gehören auch das **Brockdorff-Palais** (Am Fleth 43) von 1631/32, in dem sich heute Museum und Stadtbücherei befinden, und das **Wasmer-Palais** (Königstr. 36) von 1720, das für Kunstveranstaltungen beliebt ist. Aber vor allem lohnt sich ein Blick auf das Haus Nr. 40 in der Deichstraße, die den Ruf hat, „eigenartigste und bedeutendste Uferstraße Schleswig-Holsteins" zu sein. Hier wohnte der Dänenkönig, wenn er die von ihm gegründete Stadt besuchte. 1638 schenkte er es seiner Geliebten Wiebke Kruse. Hier starb sie auch - „zufällig" gleich kurz nach dem Ableben des Königs. Das Haus, das wir heute sehen, wurde ebenso wie das Rathaus 1867 nach Abriß über dem ursprünglichen Keller erneuert. Original ist der Treppenturm der Rückseite mit geschweifter Doppelhaube, Krone und Reichsapfel. Auch noch auf den König geht das ehemalige **Rantzaupalais** zurück, das 1640 entstand, ein Jahrhundert später erneuert und als Zoll - und später Zuchthaus wenig würdig genutzt wurde. Da die Elbe aus Mangel an Brücken ein erhebliches Hindernis für Handel und Wandel darstellt, hat Glückstadts Fähre über den hier 4 km breiten Strom eine erhebliche Bedeutung. Sie verkehrt im Abstand von 30 Minuten und kann - hin und zurück - auch dem Radfahrer ein ansprechendes Erlebnis vermitteln.

**15**

# Über die Stör in die Kremper Marsch

## Mit dem Flair einer ansehnlichen Tradition

### Toureninfos

km ca. 30 km

START Bahnhof Glückstadt

Mancher wird enttäuscht sein, daß ihm die Behörden eine Fahrt über den Deich oder sogar an ihm entlang nicht erlauben. Metallpforten sollen Unbefugte von dem abhalten, was mancher ohne Legalität dennoch riskiert. Wer „geschnappt" wird, muß die Folgen tragen. Steigungen sind hier Mangelware. Technikliebhaber können das Stör-Sperrwerk bewundern. Eine Fähre aus der „guten alten Zeit" ohne moderne Technik überquert die Stör bei Beidenfleth.

Glückstadt ist reich an unterschiedlichen Angeboten, auch zum Konditern. Am Stör-Sperrwerk „Zur Störmündung" (Terrasse, kein Störblick), Wewelsfleth: „Schöne Aussicht", „Dat oole Fährhuus", Beidenfleth: „Gasthof Frauen" (Terrasse), Krempe: „Ratskeller", „Zum Landhaus".

Glückstadt: Fortuna-Bad, in der Stör.

Glückstadt: Detlefsen-Museum (im Brockdorff-Palais), Kulturgüter der Elbmarschen, täglich außer Mo 11 - 16.

Stadtverwaltung, Am Markt 4, 25 348 Glückstadt, Tel. 04124 / 51 31, Fax 64 94.

Vom Bahnhof der Strecke Hamburg - Niebüll fahren wir in die Bahnhofstraße und links mit der Kremper Straße zum Markt, wo wir - je nach Interesse - eine Stadtbesichtigung in Angriff nehmen können.

Die günstigste Ausfahrt führt vom Markt in den Fleth (vorbei am Brockdorff-Palais + Museum) und auf der Höhe der Bahnhofstraße links durch die Straße Am Kommandantengraben zum Deich.

**Info**

Auch wenn Glückstadt nicht an der See liegt, hat der **Deich** als Schutz vor Elbhochwasser große Bedeutung. Daher dürfen wir auch „mit dem Radl" nicht auf ihm fahren. Infolge von laufenden Deichverstärkungen können sich die Streckenangaben zeitweise ändern. Also auf Hinweise achten oder aktuelle Auskunft einholen. Wir können - im Prinzip - vor dem Deich elbnah (und stromabhängig) oder im nahen Hinterland fahren. Sozusagen „narrensicher" ist die vom Deich landeinwärts etwas entfernte Streckenführung zwischen Wohngebieten. Vom Nordwestrand von Glückstadt erreichen wir über den bezeichnenden Straßennamen „Butendiek" die Straße „Op de Wurt". Da sie auch als Zubringer zur Elbfähre nach Wischhafen dient, lohnt sich der kleine Abstecher zum Fähranleger. Mit der Fähre erreichen wir das niedersächsische Alte Land (siehe Tour 10) und den Obstmarschenweg.

Von der Straße Op de Wurt können wir deichnah die Straße Kimming nehmen, an der auch ein Leuchtturm steht. Ein Genuß sind die bildhübschen Reetdachhäuser, die wir hier passieren. Nun stoßen wir auf die Blomesche Wildnis.

**Info**

Die Bezeichnung als **Wildnis** gibt es bei Glückstadt mehrfach. Diese Wildnis bezeichnet - abweichend vom üblichen Sprachgebrauch - ein Gebiet, das vor einem halben Jahrtausend noch nicht von Deichen geschützt war. Hier konnte sich das Elbwasser „austoben". Dieses Land vor dem Deich war eigentlich unnütz, also wild - allenfalls konnte im Sommer das Vieh darauf weiden. Dank Anschwemmungen hat sich die Wildnis im Lauf der Zeit zu fruchtbarer Marsch entwickelt. Wir fahren durch die Blomesche und (später) Engelbrechtsche Wildnis, heute natürlich längst eingedeicht und „gezähmt".

Mit der Fahrstraße, die leider keinen Radweg aufweist, radeln wir an der Blomeschen Wildnis entlang. Der Deich und seine Böschungen sind auch heute für Schafe und Kühe als Weide beliebt. Wenn die Straße nach rechts biegt, sind wir im bezeichnenden Ortsteil Neuendeich.

Hier beginnt der sogenannte Katastrophenweg. Er ist in den letzten Jahrzehnten für den Fall eines Deichbruchs oder bei Gefahr für den Deich angelegt. Auf ihm können Hilfsfahrzeuge zügig an die gefährdete Stelle fahren. So angenehm dieser Katstrophenweg zu befahren wäre - wir dürfen es nicht: striktes Fahrverbot. Die Fahrstraße führt uns an allerlei gärtnerischen Anlagen vorbei. Mit einer Unterführung passieren wir die B 431, die hier das Stör-Sperrwerk benutzt.

**Info**

Die **Stör** wird durch das Sperrwerk vor dem mit Hochwasser und Fluten drohenden Elbe geschützt. Das ansehnliche Flüßchen entspringt südöstlich von Neumünster, fließt durch den Naturpark Aukrug und kann ab Itzehoe von Schiffen bis zu 1.500 t befahren werden. Mit dem Sperrwerk wird die 30.000 Hektar umfassende Störniederung und nicht zuletzt die Stadt Itzehoe geschützt. Dank zweier 22 m breiten Öffnungen können Schiffe das Sperrwerk durchfahren. Bei Sturmfluten werden die Sperrtore geschlossen. Mit einer Breite von 158 m bildet es einen stattlichen Riegel im Lauf der Stör. Eine Straße führt darüber.

Bei der Anfahrt achten wir auf die Hinweisschilder für Radfahrer, für die als Richtungsort Brokdorf angegeben ist. Kaum aber haben wir das Sperrwerk überfahren und dabei den Blick auf die Stör genossen (nach Wewelsfleth hin), wenden wir uns rechts und orientieren uns im Linksbogen durch eine Unterführung der B 431 zum Außendeich. Damit profitieren wir von dem gegenüber der Bundesstraße ruhigen Strecke, auf der wir uns rechts halten. Wir überqueren die schmale

Hollerwettern und nehmen unter der B 431 Kurs auf Wewelsfleth. An der Strecke liegen Obsthöfe jenseits des Deichs, meist von Kastanien markiert. Auf dem Radweg rollen wir nach Wewelsfleth.

Info

Das kleine Dorf **Wewelsfleth** ging vor Jahren durch die Gazetten, als der politisierende Dichter Günter Grass hier ein Haus erworben hatte und gemeinsam mit Björn Engholm (Schleswig-Holsteins gescheiterter Ministerpräsident) „gewichtige" Diskussionen einheimischer Politiker veranstaltete. Heute ist es still geworden um die Wewelsflether Gespräche. Geblieben aber ist das Gesicht der Backsteinkirche von 1593, neben der ein hölzerner Glockenstuhl mit barockem Helm von 1817 steht - eine Dorfidylle. Dennoch hatte Wewelsfleth im 18. und 19. Jahrhundert einen Ruf als Produktionswerkstätte für die Sandsteinstelen, mit denen der Nachruhm verstorbener Größen angezeigt wurde.

In der Gegenwart ist die Peterswerft, die wir auf der Straße Am Hafen erreichen, für den Bau von Küstenschiffen weithin bekannt. Diesen Schiffen gegenüber wirken die meist alten Häuser hinterm Deich winzig. Wir nehmen uns die Zeit, durch die beschaulichen Dorfstraßen zu radeln und vielleicht das eine oder andere Foto zu machen. Auf dem Friedhof können wir die Nutzung der heimischen Stelen beobachten. Die ältesten Dorfhäuser (wie die von 1698 stammende Kirchspielvogtei) gehen bis aufs 17. Jahrhundert zurück. Ein kleines Schiffsbaumuseum in der Kirchspielvogtei enthält u. a. einen Kolonialwarenladen von 1830: Tante Emma in Wewelsfleth. Wewelsfleths Ursprung reicht auf niederländische Siedler zurück, die bereits im 12./13. Jahrhundert die Urbarmachung der Marsch und den Schutz vor Hochwassernöten betrieben.

Vor uns liegt ein Abschnitt unserer Tour, den wir besonders genießen sollten. Aus Wewelsfleth folgen wir der Dorfstraße nach rechts (vorbei am Oolen Fährhuus) und radeln hinter dem Deich entlang durch das Wewelsflether Uhrendorf. Damit wir den Störblick mitnehmen können, sollten wir das eine oder andere Mal die Deichhöhe ersteigen. Auf einer Länge von 3 - 4 km folgen wir einer schmalen Teerstraße, auf die gelegentlich Kühe von der Deichhöhe den Radler betrachten. An der Strecke liegen Häuser und Häusergruppen, die geradezu zum „Verlieben" sind - jedes ein Stück romantischer Landschaftsliebe. Wir sind immer noch in Uhrendorf, wenn wir an der Querstraße zur Hauptfahrstraße am rechten Störufer überwechseln. Nach einer mächtigen Überlandleitung biegen wir in Beidenfleth zur Fähre ab. Sie paßt in diese Landschaft.

Info

Die betagte **Fähre** versieht zu bescheidenem Preis (meist ohne Wartezeit) die Fahrt zum jenseitigen Ufer. Von **Beidenfleth** heißt es, hier habe im Jahr 809 eine Friedensverhandlung zwischen Karl dem Großen und dem dänischen König Gottrik stattgefunden. Im Mittelalter begann die gemeinsame Besiedlung durch Bauern, Fischer und Schiffer. Das stille Dorf läßt nicht ahnen, daß im vorigen Jahr-

**Info**

hundert von hier Schiffe zum Walfang nach Grönland ausliefen. Das ist Vergangenheit. Die Backsteinkirche des 13. Jahrhunderts erlebte viele Veränderungen und erhielt im 17. Jahrhundert ihren hölzernen Turm. Sein Helm wurde 1860 dem von Glückstadt angepaßt. Das Innere der Kirche ist reicher, als es das kleine Dorf vermuten läßt. Auch hier fehlen die Stelen des Friedhofs nicht.

Nun peilen wir die Fahrt nach Krempe an. Von der Fähre radeln wir durch den Deich und nach 1 km rechts aufs Großbahrenfleth zu. An der Gabelung erneut rechts, wobei wir den Abzweig nach Neuenkirchen nach Belieben auslassen können.

**Tip**

Wenn wir uns aber 2 km **Abstecher** (hin und zurück) leisten wollen, finden wir in **Neuenkirchen** ein Gotteshaus aus dem 13. Jahrhundert, das als Fischer- und Schifferkirche St. Nikolaus gewidmet war und in den vielen Jahrhunderten keine nennenswerten Änderungen erlebte. Der hölzerne Glockenturm stammt freilich mit seinem geschindelten Spitzhelm aus dem vorigen Jahrhundert. Immerhin: auch das Innere ist jünger als der Kirchenbau.

Sobald wir zur Hauptstrecke zurückgekehrt sind (oder auf ihr bleiben), führt sie durch Kleinwisch mit lebhafter Viehzucht. Vor Großwisch biegen wir links durch baumlose Weidegelände. Eine Querstraße bringt uns noch vor der Bahn rechts mit dem Radweg, an einzelnen Höfen vorbei, nach Krempe. Über die Bahn und zwei Wasserläufe und an einer flügellosen Windmühle vorbei.

**Info**

Über die Vergangenheit des heute mit wenig über 2.000 Einwohnern kleinen Städtchens **Krempe** muß man staunen. Schon 1250 war es eine anerkannte Stadt und spielte im Mittelalter eine wichtige Rolle bei der Ausfuhr von Getreide. Wallenstein mußte im Dreißigjährigen Krieg die befestigte Stadt ein Jahr lang belagern, bis Hunger die Kremper zur Aufgabe zwang. Mit der Kremper Au war die Stadt mit Elbe und Meer verbunden, sodaß von hier aus eine Flotte von 19 Schiffen zum Handel nach Portugal, Italien und Rußland in See stechen konnte. Bis - leider - die Au versandete. So war Krempe 1696 bankrott. Sie litt zugleich unter der aufkommenden Neugründung Glückstadt. Von diesem Abstieg nach stolzer Blüte hat sich Krempe nie wieder erholt. So lassen nur einige Hausgiebel des 16. Jahrhunderts einstigen Glanz ahnen. Das gilt insbesondere vom Giebel des Rathauses, der wohl von einem bedeutenden Baumeister stammt. Ein 1540 entstandener Fachwerkbau (Rathausstraße) wurde nach dem Erwerb durch den dänischen König 1558 als Königshof bezeichnet. Selbstverständlich besaß Krempe eine ansehnliche Kirche des 13. Jahrhunderts, bis sie 1814 ein Brand vernichtete, sodaß sie 1830 auf alten Fundamenten neu errichtet werden mußte. Das Rathaus bewahrt Zeugnisse der Vergangenheit auf, die von Interessenten nach Anrufe unter 04824 / 22 01 besichtigt werden können.

Nachdem wir uns in Krempe umgeschaut haben, fahren wir weiter über die zweigleisige beschrankte Bahnstrecke nach Westen. Gleich danach biegen wir rechts am älteren Ziegelhaus auf eine Kopfsteinstrecke.

Am Markt in Glückstadt: Rathaus (1642/43), 1872 abgerissen und danach erneuert

An der folgenden Gabelung wenden wir uns links in eine Teerstraße, die bis 5,5 t zugelassen ist. Mit wechselndem Abstand begleitet uns die Kremper Au. Links blicken wir auf eine betriebsame Straße, an der einige stattliche Reetdachhäuser von Bauernhöfen aus dem 18. Jahrhundert stehen. Unser Weg verläuft durch freies Feld, Hecken und Bäume. In Eltersdorf überqueren wir (nach reichlich 1,5 km) eine Querstraße und bleiben weiter auf unserer, jetzt gewundenen Straße. Dem rechten Abknick nach Borsfleth folgen wir nicht, bleiben links, überqueren einen Hof und die folgende Brücke über die Au. Damit stoßen wir auf die von Krempe kommende Fahrstraße. Ihrem Fuß- und Radweg schließen wir uns für 450 m an, bis wir links in den grünen Weg biegen, der von Weidegelände begleitet ist. An der Gabelung nach 350 m halten wir uns rechts, sodaß wir auf die B 431 gelangen. Nur 10 m fahren wir auf ihrem Radweg nach links, bis uns der Wegweiser rechts in Richtung Wischhafen-Elbfähre leitet.

Mit dem Radweg rollen wir 650 m nach Glückstadt hinein. Vorbei am links gelegenen Sportplatz erreichen wir eine Kreuzung mit Ampel. Dahinter läuft die uns bekannte Straße Op de Wurt, aber wir fahren nach links, vorbei an Kaserne und Leuchtturm, Sporthalle, moderner Kirche und einem originellen Supermarkt. Im Zug der Straße Am Neuendeich rollen wir geradeaus bis zum Markt oder aber schon vorher links in die Bohnstraße und zum Bahnhof.

## Barmstedt - vor 300 Jahren „Residenz"

Hier lebte der Dichter des „Schleswig-Holstein-Liedes"

Bitte nicht verwechseln! Nur 15 Kilometer nämlich trennen zwei Städte, deren Name (mindestens für Landfremde!) sich recht ähnlich sind: Barmstedt und Bad Bramstedt. Mit mehr als 9.000 Einwohnern muß **Barmstedt** dem Bad Bramstedt(S. 105) einen knappen Vorsprung (weniger als 1.000) lassen. Das mittelalterliche Dorf Barmstede, das vor einem Jahrhundert zur Stadt wurde, erreichte den Glanzpunkt seiner Entwicklung Mitte des 17. Jahrhunderts, als Reichsgraf Christian von Rantzau als königlich-dänischer Statthalter das Haus Barmstede auf der Insel der Krückau zu einem **Schloß** ausbaute und damit zu seiner Residenz machte. Freilich nur für knapp 70 Jahre. 1726 war die Herrlichkeit vorüber, und später verschwand das Schloß. Auf seinen Fundamenten entstand 1806 das schlichte Amtsgebäude der königlich-dänischen Administration, zu dem 20 Jahre später das Haus für den Gerichtsschreiber kam. Überhaupt hat sich das Bild der Schloßinsel (ursprünglich waren es drei Inseln in der Krückau) durch den 1934 - 1938 angelegten See mit seinem Parkgelände erheblich verändert. Noch eine charakteristische Eigenart Barmstedts verdient Erwähnung. Im frühen 19. Jahrhundert waren hier nicht weniger als 130 Schuhmacher aktiv, also ein Gegenstück zur Schusterstadt Preetz. Mit dem Ende der den Schuhmachern folgenden Schuhindustrie im Jahr 1992 hat Barmstedt sein traditionelles Handwerk verloren.

Geblieben ist der Stadt freilich ein Ruf, der ihr in Schleswig-Holstein einen herausragenden Rang sichert. Hier lebte zwischen 1815 und 1870 ein Mann namens **Matthäus Friedrich Chemnitz**, den jeder Schleswig-Holsteiner als Verfasser der Hymne des Landes, des „Schleswig-Holstein- Liedes", kennen sollte. Er war hier als Pfarrerssohn geboren und später als Amtsrichter tätig. Aber sein Gedicht, dessen erste Zeile „Schleswig-Holstein meerumschlungen" zum viel gebrauchten Zitat geworden ist, hat seinen Verfasser im Land „zwischen den Meeren" unsterblich gemacht. 1844 erklang es beim Sängerfest in Schleswig zum ersten Mal - damals mit allen sieben Strophen, die freilich kaum einer noch kennt oder heute singen möchte. Das aber ist die erste Strophe und der Sinngehalt des Liedes:

*„Schleswig-Holstein, meerumschlungen, deutscher Sitte hohe Wacht, wahre treu, was schwer errungen, bis ein schönrer Morgen tagt. Schleswig-Holstein, stammverwandt, wanke nicht, mein Vaterland!"*

Kehren wir noch einmal zur Schloßinsel zurück. Aus dem Schloßgefängnis des 19. Jahrhunderts ist heute eine Kombination von „Galerie und Café" geworden, die sich ihres Ursprungs durchaus nicht schämt und vor oder nach unserer Tour gastliche Einkehr bietet. Im früheren Gerichtshaus von 1863, das seit 1975 seine Funktionen an das Elmshorner Amtsgericht abgetreten hat, befindet sich seit 1979 das **Museum** der ehemaligen Grafschaft Rantzau. Von prähistorischen Funden an lassen sich hier die Geschicke aus der Vergangenheit Barmstedts verfolgen. Sie können jeden Sonntag von 14 - 18 Uhr oder nach Absprache besichtigt werden: Tel. 04123 / 42 96 oder 681-17.

Die Innenstadt Barmstedts hat ihren markantesten Bau mit der **Kirche** und ihrem spitz aufragenden Turm. Sie ist im Jahr 1140 zum ersten Mal dokumentarisch genannt worden. Der einstige Feldsteinbau des Turms wurde nach 1840 untermauert. Das Schiff jedoch ist 1717/18 als barocker Backsteinbau erneuert worden. In ihr befindet sich mit dem Wappen der Rantzaus an der Loge das letzte Zeugnis der Zeiten des 18. Jh.

**16**

# Von der Schloßinsel zu Arboretum und Himmelmoor

## Baumschulen begleiten unseren Weg

### Toureninfos

km 28 km

START Bahnhof Barmstedt

Die Strecke bereitet keine Schwierigkeiten, so gut wie keine Steigungen. Bundesstraße mit Radweg. Wechsel von Äckern, Wiesen, Knicks bzw. Redder.

Auswahl in Barmstedt, insbesondere Restaurant am Bootssteg, Biergarten, Terrasse, jedoch Ru Di + Mi, Café-Galerie im Schloßgefängnis der Schloßinsel. Bullenkuhlen: Gastwirtschaft Harbeck, Hemdingen: Hemdinger Hof, kein Ru, Heede: Gasthof Heeder Damm.

Wellenbad und Strandbad Rantzau.

Schloßinsel mit Museum der Grafschaft Rantzau, nur So 14 - 18, sonst nach Telefonabsprache 04123 / 42 96 oder 681-17. Arboretum Ellerhoop, tagsüber, Spende erwünscht.

Stadtverwaltung, Bahnhofstr. 3 - 5, 25 355 Barmstedt, Tel. 04123 / 681.

Wir fahren vom Bahnhof (an der Strecke Hamburg-Elmshorn - Barmstedt) im Zug der Bahnhofstraße bis zur Querstraße (mit Seitenblick zur Kirche!) rechts und zum Markt. Von ihm nehmen wir entweder die (belebtere) Königstraße oder (ruhigere) Marktstraße zum Platz Roissy en Brie (gesprochen Roassie ang (nasal) Brie). Dieser überraschende Name gehört zur Partnerstadt von Barmstedt (seit 1980), 25 km nahe bei Paris.

Info

Dieser **Platz** mit seinem Rondell ist Ausgangspunkt zum See, zum Wellenbad und zum Minigolf-Platz. An seinem Rand erinnern zwei Steinmale an die „Unvergessene Heimat im Osten" und an „Gefangene und Vermißte des letzten Weltkriegs". Die von hier ausgehende Oakhampromenade weist auf eine weitere Partnerstadt (seit 1987) in England hin, 180 km nördlich von London. Eine dritte ist Middelfart in Dänemark.

Auf dem schönen Parkweg mit Bänken, Birken und Rasenflächen rollen wir auf den Bootssteg zu. Innerhalb des See- oder Erholungsparks befindet sich die Seniorenwohnanlage „pro homines" (für die Menschen). Unser Ziel ist die Schloßinsel, auch wenn das Schloß lange verschwunden ist. Wo seit 1806 der Backsteinbau des dänischen Administrators steht, müssen wir uns das Schloß vorstellen, wobei die Inseln der Krückau mit einem Ringwall umzogen waren.

Info

Erst in den dreißiger Jahren wurde der **See** angelegt und dabei aus drei Inseln eine einzige. Hier stoßen wir auch auf das durch Dachreiter und zwei Glöckchen erkennbare ehemalige Schloßgefängnis, heute attraktives Café mit Galerie. Auf dem Weg über die Krückau-Brücke entdecken wir ein Wehr, das mit einer neunstufigen Fischtreppe verbunden ist. Sie „ebnet" den hier ausgesetzten Meeresforellen und Lachsen nach der Entwicklung im Süßwasser den Weg mit der Krückau ins Meer, wo sie zwei bis drei Jahre bleiben, um zum Laichen hierher zurückzukehren.

Über die Wehrbrücke wenden wir uns rechts zur Pinneberger Landstraße. Dabei geht es nochmals über die Krückau. Wenn wir die Landstraße erreicht haben, folgen wir ihrem Radweg 150 m nach links und biegen rechts auf den breiten Schotterweg durch den Mischwald ab. Wenn er sich nach 500 m gabelt, zweigen wir links ab und damit erneut über die Holzbrücke der Krückau. Damit erreichen wir den Luswinkel der Gemeinde Bullenkuhlen. Im Rechtsbogen folgen wir der Teerstraße, vorbei an einem Lagerplatz und stoßen auf die ersten der zahlreichen Baumschulen, die unsere Fahrt begleiten werden. Bei dem großen alten Ziegelhaus münden wir auf die querlaufende Dorfstraße, die uns zum Mühlenweg bringt, der auch zu Bullenkuhlen gehört.

Wir unterqueren rechts, unweit eines Transformatorentürmchens, eine Überlandleitung und kommen an der Gastwirtschaft Harbeck vorbei. Weiter mit dem Seetherweg, der Baumschulen und bäuerliches Gebiet mit Knicks verbindet. Über die Elmshorner Straße orientieren wir uns auf Seeth-Ekholt. Grasende Pferde und hübsche Häuser wechseln sich ab. So durchradeln wir Seeth-Ekholt und biegen danach links in die Richtung Beklohe. Diesmal wechseln Baumschulen und Rinder am

Rand des schmalen Teerwegs mit seinen Knicks ab. Wir setzen unsere Fahrt in Richtung Ellerhoop fort und lassen an der nächsten Gabelung die Brücke rechts liegen.

Links führt uns ein Redder über ein Brückchen der Ekholter Au auf und zu freien Ausblicken über das ausgedehnte Feld- und Wiesengelände. Damit stoßen wir auf die querlaufende Missener Straße, und links, vor einer Baumschule, auf die Barmstedter Hauptstraße von Ellerhoop. Mit der notwendigen Umsicht überqueren wir sie in den Schmiedekamp. Dabei können wir auch etwas weiter links eine Ampel anlaufen, die den Weg sicher macht. Vom Schmiedekamp geht es rechts in den Thienser Weg zum Ortsteil Thiensen, an dem der urige Augustenkrug liegt, der nur bewirtet, wenn die damit verbundene Landwirtschaft das möglich macht.

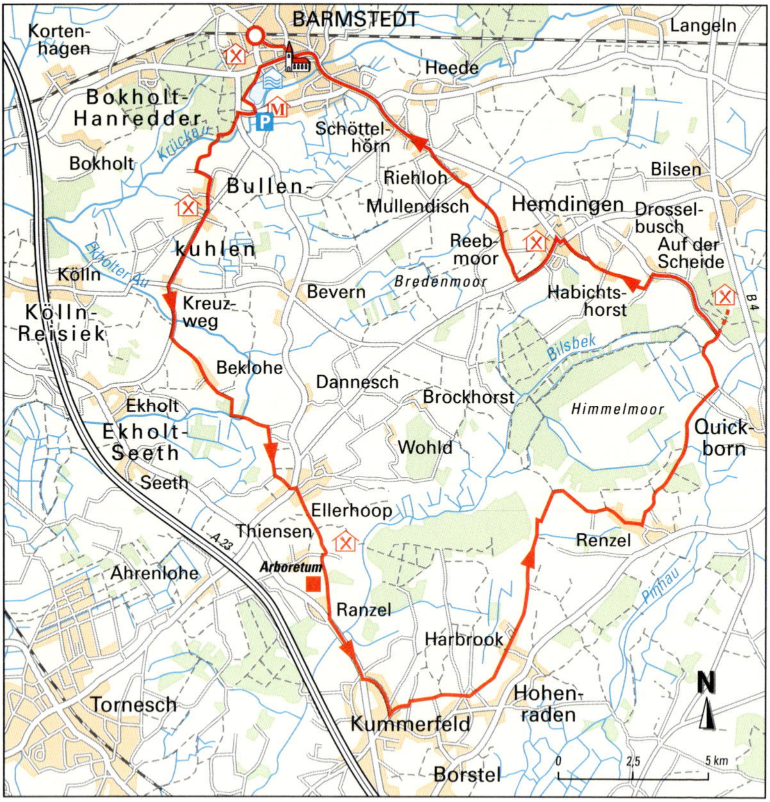

Gefälliges Ensemble aus Arboretum und altem Bauernhaus

Die Weiterfahrt bringt uns an die von Knicks gesäumte schmale Straße bis zum Ortsende, wo ein Wegweiser das 500 m entfernte Arboretum anzeigt. Es ist von Baumschulen umgeben.

**Info**

Zuerst: **Arboretum** (was es auch anderswo gibt) ist ein Baumpark: der Name kommt aus dem Lateinischen. Hier wachsen im Anschluß an ein langes Reetdach-Bauernhaus die Bäume höher als in den Baumzuchtgebieten. Hinter dem Eingang weist ein Gedicht des österreichischen Dichters Josef Weinheber „Gebet des Baumes" auf die Bedeutung von Bäumen hin. Es lohnt sich, die Anlage des Arboretums gemächlich zu durchlaufen. Ein Pavillon und Bänke erlauben einen besinnlichen Aufenthalt, vielleicht auch ein Picknick. Außer den sorgsam beschrifteten Bäumen und Sträuchern kommt auch der gärtnerische Akzent, etwa mit einem typischen „Bauerngarten", nicht zu kurz. Jede Jahreszeit weist einen anderen Schwerpunkt auf.

Wir wenden uns zur Fortsetzung unserer vorhergehenden Strecke bis zur B 431 (frühere B 5) mit der links liegenden Tankstelle, die wir mit dem Radweg anpeilen, wobei die Kunstschlosserei dabei einen Blick lohnt. Bis Kummerfeld folgen wir dem Radweg der Bundesstraße, die wir jetzt verlassen. Vom Dorf aus radeln wir links in die Straße Langenbogen, deren Richtung Borstel-Hohenraden ist. 900 m weiter, nach verschiedenartigen kleineren Wohngrundstücken, teils alt, teils neu, fahren wir mit der zweiten Querstraße links, bis wir im Zug eines Radwegs eine vierfache Weggabelung erreichen. Hier schlagen wir den Fuchsweg ein. Auf ihm radeln wir links durch Wiesen und Pferdekoppeln und unter einer Überlandleitung auf die Kreuzung mit der Hochmoorstraße. Nach Häusern begleiten uns Knicks. Die Teerstraße wandelt sich in der Feldmark zu einer Schotterstraße und führt zu einer Kreuzung am Ende des Waldes. Damit sind wir am östlichen Ausgang des Borsteler Wohld. Nach rechts folgen wir einem 600 m langen zweibahnigen Betonweg, der auf der Höhe des links auftauchenden Wasserwerks wieder zu einem Teersträßchen wird, das als Redder knapp 2 km verläuft.

Wenn wir den Golfplatz von Renzel erblicken, stoßen wir auf die recht lebhafte Straßenverbindung zwischen Quickborn und Pinneberg. Wir nehmen ihren Radweg 300 m nach links, bis die Häuser von Renzel beginnen. Hier fahren wir links ins Dorf, das wir hinter dem alten Reetdachhaus mit der Teichstraße wieder verlassen. In nordöstlicher Richtung lassen wir uns von einem Redder leiten. Nach einzelnen Bauernhäusern und kurzen Waldstücken blicken wir rechts auf fünf rotweiß markierte Masten der Wetterstation.

Nach der Krückau zu Beginn unserer Tour läuft jetzt die Pinnau parallel mit unserer Strecke. Mit einem Torfwerk und der von links einmündenden Himmelmoorstraße sind wir wieder in Tuchfühlung mit dem Himmelmoor. Von weidenden Pferden und Kühen neugierig beäugt, stoßen wir nach gut 2 Kilometern auf eine Kreuzung. Wir überqueren sie und biegen 300 m weiter in die Querstraße links ein, die in Richtung Bilsenerwohld läuft. 700 m weiter führt der Dyrsenweg rechts zum Barmstedter Weg. Unsere Strecke folgt dem Radweg des Barmstedter Wegs nach links. Rechts von ihm liegt ein Waldgebiet.

Nach seinem Ende halten wir Ausschau zu dem nach etwa 1 Kilometer folgenden Abzweig links nach Habichtshorst. Hier orientieren wir uns bald im Bogen nach rechts und durch Hemdingen im Zug der Dorfstraße zum Steindamm. Von ihm biegen wir nach 1 Kilometer rechts in die Heeder Straße mit ihrer Bank unter schönen Eichen. Mit einem Redder radeln wir nach Reebmoor und über Mullendisch und Riehloh auf die Hemdinger Chaussee zu. Hier links erreichen wir nach einem Kilometer den Heeder Damm. Zügig fahren wir durch die Hamburger Straße, Austraße über die Krückau und durch die Reichenstraße zur Bahnhofstraße. Rechts sind wir bald am Bahnhof.

## Nach Bad Bramstedt nicht nur zur Rheumakur!

Mit Roland, Wiebke Kruse und Stolberg viel Kolorit

Manchem bleibt gar nichts anderes übrig, als nach **Bad Bramstedt** zu fahren. Weil er nämlich Rheuma hat und ihm eine Kur in dieser großen Klinik (für 600 Patienten!) verordnet wurde. Für 10.000 Bramstedter ist diese südlich der Stadt, am Walde gelegene Heilanstalt so etwas wie ein Lebenselixier. Und für die Patienten, die sie geheilt oder gebessert verlassen, ebenfalls.

Schon vor mehr als 300 Jahren wurde in Bramstedt - angeblich von einem Schweinehirten - eine heilende Quelle entdeckt, aber dann dauerte es doch bis 1872, bis ein Zimmermann östlich des kleinen Ortes auf die Moorsolequelle stieß, aus der das Heilbad von heute wuchs - mit einer der modernsten Rheumakliniken Deutschlands. Entdeckt hatte auch - schon im Jahr 1630 - der dänische König Christian IV. die bildschöne Bauerntochter **Wiebke Kruse**, als sie in einer der Bramstedter Auen ihre Wäsche spülte. Aus Bramstedt holte er sie bald in das neu gegründete Glückstadt, wo sie 18 Jahre lang seine Geliebte, besser seine Lebensgefährtin war. Zwei Kinder schenkte sie ihm, von denen ihre Tochter später das vom König errichtete schloßartige Anwesen erbte. Im Dunkel der (Kriminal)-Geschichte liegt die Frage, ob nach dem Tod des Dänenkönigs das allzu rasche Ende seiner Geliebten natürlichen Ursprungs oder ein von Neid und Mißgunst ausgelöstes Verbrechen war.

Auch der wehrhafte **Roland** auf Bramstedts Markt - der hier Bleeck heißt - kann die Frage nicht beantworten. Seine Gerichtsbarkeit, die aufs Mittelalter zurückgeht, galt lediglich den Handelsleuten. Als die ursprünglich aus Holz gebildete Gestalt vom Wetter zu stark mitgenommen wurde, entstand sie 1693 neu aus beständigerem Sandstein und wurde 1965 zum letzten Mal restauriert. Mit dem „Bleeck" als dem Mittelpunkt Bad Bramstedts eng verbunden ist auch die Erinnerung an die Stolberg-Familie, die hinter dem **Torhaus** von 1647 ihr Gut hatte, zu dem übrigens auch ein zweites, schon lange verschwundenes Gegenstück gehörte.

Wenn die Bramstedter von ihrem „Schloß" sprechen, zu dem auch die Wegweiser mehrfach führen, handelt es sich um nicht mehr als dieses Torhaus. Denn das ursprüngliche Herrenhaus des Gutes wurde abgebrochen, während das ursprünglich wohl bescheidenere Torhaus von Christian Günther Graf zu Stolberg 1752 zu einem ansehnlichen zweistöckigen Backsteingebäude mit 24 Fenstern aufgewertet wurde, dem sogenannten Schloß. Es wurde zur Heimat für den 1750 geborenen **Friedrich Leopold zu Stolberg**, der als Dichter und jugendlicher Kumpan Goethes in die Literaturgeschichte eingegangen ist - damit Bramstedts namhaftester Sohn. Sein Bruder Christian trat weniger spektakulär in Erscheinung, auch wenn beide Brüder schon 1775 Goethe auf einer Schweiz-Reise begleiteten, zu der sie den Verfasser des „Werther" eingeladen hatten, was ihnen „heroische Freuden" bereitete. Von Christian stammte denn auch das frühe brieflich geäußerte Urteil über Goethe: „Er ist ein wilder, unbändiger, aber sehr guter Junge. Voll Geist und Flamme." Als Lyriker gewann Friedrich Leopold bescheidenen literarischen Ruhm. Seine Bemühungen um eine deutsche Übersetzung von Homers Werken verliefen erfolglos. Aber nachdem er in die Dienste des Eutiner Fürstbischofs getreten war, machte er sich um den bis heute anerkannten Homer-Übersetzer Johann Heinrich Voß verdient, indem er ihn ohne jeden Neid als Rektor nach Eutin brachte und ihm später den Einzug in seine „Dienstwohnung" ermöglichte: das heutige „Voß-Haus".

17

# Wildpark Eekholt und Kirche der Zarin Katharina

## Aber ihr gefiel diese Kirche gar nicht

### Toureninfos

km ca. 32 km

START Bahnhof Bad Bramstedt (Strecke Hamburg - Neumünster)

Die überwiegend ebenen Wege führen meist an Knicks entlang oder durch Redder (Hecken an beiden Seiten). Waldwege sind Mangelware.

Reichlich Auswahl in Bad Bramstedt, allein ein halbes Dutzend am Bleeck. Großenaspe: mehrere, Heidmühlen: Piepers Gasthof, Eekholt: Gastronomie im Wildpark, Bimöhlen: Zum Aukrug.

Waldbad Bad Bramstedt Mai - September.

Torhaus am Bleeck mit Führungen, Auskunft bei der Stadtverwaltung Mo - Fr 8 - 12, lediglich Do auch 15 - 17. Wildpark Eekholt, ganzjährig täglich ab 9 bis Einbruch der Dunkelheit.

Stadtverwaltung, Verkehrsbüro, Bleeck 17 - 19, Tel. 04192 / 50 60, Fax 50 660.

Mit zwei Bahnhöfen (einer davon am Kurhaus) hat Bad Bramstedt beinahe Großstadt-Zuschnitt. Bei der Anfahrt ab Hamburg dürfen wir nicht am Kurhaus aussteigen, sondern müssen auf den zweiten Bahnhof warten, um den günstigen Ausgangspunkt in der Nähe von Bleeck und Sehenswürdigkeiten zu haben. Dennoch müssen wir für die Strecke zum Bleeck ab Bahnhof einige Minuten rechnen. Autofahrer können entweder am Bahnhof oder am Bleeck parken. Wir radeln vom Bahnhof zum Landweg mit seinem lebhaften Verkehr (bitte, vor-

sichtig) und über ihn hinweg in die Straße Düsternhoop. Von ihr in die quer laufende Straße Großenasper Weg und mit leichtem Anstieg rechts parallel zur Bahnstrecke. Vorbei an ansehnlichen Grundstücken und an der Gabelung weiter mit dem Großenasper Weg nach rechts. Dabei erblicken wir zur Linken die Bauten von Schule, Sporthalle und Industriebetrieben. Mit dem Redder durch Felder (rechts Landschaftsschutzgebiet) und vorbei an stattlichen alten Eichen und Buchen. Links erblicken wir das Gut Gayen. Über die Lichtschranke der Bahnlinie und auf dem Schotterweg durch den Wald. Über eine Kreuzung geradeaus mit leichtem Anstieg und auf einer Strecke durch Felder und Wiesen über die kreuzende Geerstraße.

**Info**

Hier verrät uns ein Schild, daß wir auf dem einstiegen Verbindungsweg zwischen Nord und Süd sind, nämlich „de via regio - d. h. **Königliche Weg** - dat is hier de Oole Landweg - böt 1832“. Einst sind hier also Reiter und Kutschen unterwegs gewesen, als weder Fahrräder noch Autos rollten.

Die daran anschließenden Höfe gehören zu Grünplan, das sich mit einem Angelteich und dem „Spargelhof Schäfer“ in Empfehlung bringt. Einkauf ab Hof ist auch am folgenden Hof für verschiedene Landprodukte möglich.

Mit der anschließenden Wegführung (und kurzem Anstieg und Gefälle) überqueren wir die Autobahn A 7, die heute an die Stelle des „Oolen Landwegs" getreten ist. Ein weiter Rundblick von der Brückenhöhe lohnt sich. Die emsige Landwirtschaft bringt sich mit weidenden Kühen und Schweinen in Erscheinung. Nach 2 km stoßen wir auf die Bimöhler Straße. Mit ihrem Radweg nehmen wir links Kurs auf Großenaspe, das sich neben älteren Bauernhöfen, neuen Einfamilienhäusern und dem spitzen Turm seiner Kirche bemerkbar macht.

**Info**

Das etwas über 2.000 Einwohner zählende Dorf **Großenaspe** hatte seinen Ursprung im 13. Jahrhundert mit einer Kapelle, von der sich das Überbleibsel eines Kruzifixes erhalten hat. Um 1770 mußte diese Kapelle einer richtigen **Kirche** weichen. Aber zunächst fehlte es den Dörflern an dem dazu notwendigen Geld. So lag es nahe, sich an die zuständige Regentin zu wenden. Das war - im Zug verwandtschaftlicher Beziehungen - für ihren (nicht eben allzu schlauen) Sohn Paul niemand Geringeres als die russische Zarin Katharina die Große. Über den kaiserlichen Berater Caspar von Saldern gelang es den Großaspernern tatsächlich, die Zarin zur Finanzierung zu veranlassen. Ab 1760 wurde der Bau geplant und zwischen 1769 und 1772 durch den versierten Baumeister Adam Richter ausgeführt.

Er zeigt sich als sogenannter Zentralbau in der Form eines Achtecks, aus dem ein schlanker viereckiger Turm zum Himmel steigt. Jedenfalls eine für Holstein nicht übliche Kirchenform, wobei der Name der Katharinenkirche wohl die Heilige und die Zarin gleichermaßen meint. Das Innere ist eher bescheiden. So erstaunt es nicht allzusehr, wenn eine Anekdote berichtet, der Zarin habe beim Besuch in Großenaspe „ihr" Gotteshaus durchaus nicht gefallen. „Ich habe", soll sie gesagt haben, „eine Kirche bezahlt, und was ich vorfinde, ist eher ein Stall." Nun ja, russisch-orthodoxe Kirchen wirken sicher prunkvoller. Aber eigentlich zeigt sich die Kirche für uns recht ansprechend. Vielleicht wäre die Zarin in ihrem Urteil gnädiger gewesen, wenn sie noch erlebt hätte, daß Verleger Axel Springer in unserem Jahrhundert der Kirche ein Porträt der spendenfreudigen Zarin gestiftet hat, das rechts vom Altar hängt. Mit Recht hat Alfred Kamphausen, der Kenner der Kunst Schleswig-Holsteins, der Kirche entgegen der Kritik der Zarin bestätigt, daß sie „ein schönes Beispiel schleswig-holsteinischen Backsteinbarocks" sei. So können auch wir durchaus unsere Freude an der bemerkenswerten Dorfkirche haben.

Von ihr setzen wir unsere Fahrt auf dem hier abbiegenden Heidmühlenweg fort. An der Gabelung links am Friedhof und der Sportanlage vorbei nimmt uns bald ein Redder auf, dessen Teerstrecke die Bäume mit ihren Zweigen dachartig überdecken. Nach knapp 2 km Fahrt halten wir uns hinter einem Zaun rechts in die Lindenallee zum Gut Oberhof mit ihren Nebenbauten. Leicht auf und ab kommen wir an einem „Immenhof" vorüber, der jedoch nicht durch den Film berühmt geworden ist. In der folgenden Siedlung halten wir uns an das Richtungsschild nach Heidmühlen. Die schmale Teerstraße führt uns durch Feld- und Wiesengelände. Mit dem Waldrand des Halloher Geheges und der Försterei passieren wir das Gut Halloh, rechter Hand.

**Info**

Dieses **Trakehner Gestüt** ist Privatbesitz von Frau Springer und wirkt mit seinem Gutshaus (mit zierlichem Dachreiter) und einer Fohlenplastik ungemein anziehend. Allerdings ist der Blick mit Einfahrt ins Innere des Hofes nicht unbedingt erwünscht.

Weiter radeln wir am Waldrand entlang - möglicherweise zeigt sich das eine oder andere Reh. Eine einsame Straße am Waldrand weiter führt uns nach rechts mit weitem Ausblick, bis wir vor einigen Bauernhöfen eine Kreuzung erreichen. Hier fahren wir auf dem Wiesenweg nach links. Die schmale Wegstrecke passiert nach ein paar Waldstükken die Häuser von Poggenkrog - Froschkrug auf hochdeutsch. Mit dem Redder radeln wir durch Wiesen- und Ackergelände. An der nächsten Querstraße halten wir uns rechts und nehmen den Fuß-Radweg. Links fällt unser Blick auf ein großes Reetdach-Backsteinhaus, dem gleich rechts eine alte Wassermühle folgt.

**Info**

So sehr alt ist die **Wassermühle** freilich auch nicht - fast genau ein Jahrhundert. Auch wenn das mächtige Wasserrad an dem kleinen Mühlenteich frühere Geschäftigkeit ahnen läßt, ist sie nicht mehr in Betrieb und nur ein romantisches Relikt. Betrieben wurde sie von der Osterau, die wir auf der Fahrt durch Heidmühlen überqueren.

Wir folgen rechts der Dorfstraße in Richtung Hartenholm und Eekholt und benutzen dabei den Fußweg durch Heidmühlen, in dem eine mächtige Linde am Kriegerdenkmal ins Auge fällt. Links sehen wir auf der Fahrt durch die locker bebaute Dorfstraße das modernisierte Reetdachhaus. Wenn wir auf die Straße Kreienhorst (Krähenhorst) stoßen, biegen wir links in Richtung Klint. An der Gabelung halten wir uns mit dem „Radwanderweg 9" rechts durch die freie Landschaft, in der hier und da ein Bauernhof ansässig ist. Nach dem Ende der Dorfstraße folgen wir nach rechts dem Stellbrooker Weg. Damit sind wir auf dem richtigen Kurs zum Wildpark Eekholt. Mit Knick stoßen wir in den Wald, dessen Nadelbäume mit Birken und Lärchen durchsetzt ist. Rechts belebt ein kleiner Teich das Bild. Die Lichtung, die wir nach 2 km erreichen, ist das Landschaftsschutzgebiet des Stellbrooker Moors. Damit sind wir bis auf 1 km dem Wildpark nahe.

**Info**

Dieser umfaßt auf einem Areal von 65 Hektar in natürlichen Lebensräumen 98 Tierarten, insgesamt 500 Tiere. Damit vereint ist eine Vogelpflegestation für Greifvögel, Eulen und Störche. Auch pädagogische Absichten sind mit dem **Wildpark**

Info

verbunden, der auf exotische Raubtierrassen verzichtet. Kinder finden in einem Streichelgehege, auf einem Abenteuerspielplatz mit Trampolinen und einer Köhlerhütte mit offenem Feuer reizvolle Erlebnisse. Manche Filmaufnahme Heinz Sielmanns konnte hier gedreht werden. Eine kluge Maßnahme besteht darin, daß mitgebrachtes Futter nicht verwendet werden darf. Tiergeeignetes und bekömmliches Futter kann gekauft und gereicht werden. In jedem Fall tun wir gut, unsere Tour so zu planen, daß uns (und unseren Kindern) für Eekholt genug Zeit bleibt.

Bei der Weiterfahrt rollen wir erst am Wildpark entlang und über einen Bach mit Kurs auf den bewaldeten Weider Berg, der freilich nicht mehr als 20 m erreicht. Am anschließenden Rondell schlagen wir rechts die Richtung Bimöhlen ein. Links erfreut der Blick auf ein Alpinum im Garten und einen bayerisch gestalteten Hof. Durch das kleine Dörfchen Weide halten wir uns an der Gabelung links. Mit Knicks kommen wir an Feldern und zwei Höfen mit Spargelangeboten vorbei. Vom Waldrand führt uns eine breite Allee mit begrasten Rändern an Rindviehweiden vorbei. Links blicken wir über das Hasenmoor. Nach knapp 5 km ab Eekholt haben wir Bimöhlen erreicht. Genüßlich läßt es sich durch das gemütliche Dorf fahren.

Info

Neben den Resten von Bauernhöfen fehlt es in **Bimöhlen** nicht an neueren Einfamilienhäusern. Hoffentlich ist auch dieses Jahr der Storch auf das Haus gegenüber dem Alten- und Pflegeheim gekommen, den wir bei unserer Tour noch antrafen. Zur passenden Jahreszeit läßt sich hier das Familienleben von Storchs beobachten.

In der Dorfmitte beim Kriegerdenkmal überqueren wir rechts die Brükke über die Osterau. Rechts stehen vor dem Aukrug drei Linden. Über die Hauptstraße biegen wir in die Lindenstraße und in der Fortsetzung mit Fuß-Radweg im Linksbogen über die Autobahn A 7. Wenn wir sie passiert haben, radeln wir hinter dem Bauernhof links in den Weg Am Hallohberg und halten uns am querlaufenden Teerweg rechts. Eine schöne Waldstrecke ist mit einigen älteren Häusern verbunden. 500 m nach der Autobahnbrücke biegen wir in den links abzweigenden Schotterweg mit der Markierung „Radweg 5".

Vom Waldrand reicht der Blick weit über die Niederung. Im Bogen rechts folgen wir dem Lauf der Osterau, die mit hohen Bäumen bestanden ist. Unser Feldweg, zum Teil begrast, erreicht mit Viehweiden und schönen Blicken erneut den Waldrand.

Info

Hier bei der Bank „Am Brunnen" lag der früheste Ursprung von **Bad Bramstedts Quellen**. Ein kranker Schweinehirt trank 1681 von dieser Quelle und gesundete, sodaß hier künftig vom „Gesundbrunnen" die Rede war. Aber für ein Heilbad war

Info

die Zeit noch nicht reif. Fast 200 Jahre mußte Bramstedt noch auf seine „Entdekkung" als Bad warten. Die Idylle hier mit einem Weiher eignet sich vielleicht noch zu einem Picknick.

Auch wenn es bei der Weiterfahrt ein paar Holperstellen gibt, genießen wir - vorbei an einem Bauernhof - die schöne Strecke unserer Rückfahrt. Dann führt uns eine Teerstraße zwischen Feldern zur Bimöhler Straße. Ihr Fußweg bringt uns an den links erhöht laufenden Gleisen entlang auf den beschrankten Bahnübergang (nur ein Schienenpaar) zu, hinter dem wir links zu Bad Bramstedts Bahnhof zurückkehren. Der hat inzwischen ein italienisches Restaurant aufgenommen.

An Bad Bramstedts „Bleeck" steht der mittelalterliche „Roland" als Symbol alter Gerichtsbarkeit

## Ahrensburg „glänzt" durch sein Schloß

Kirche und „Gottesbuden" gehören dazu

Mit seinen 29.000 Einwohnern kann sich das nur knapp 20 km von Hamburg entfernte **Ahrensburg** schon sehen lassen. Mancher, der in der Hansestadt seinen Job hat, zieht Ahrensburg als Wohnsitz vor. Mit einem traditionsreichen Schloß und einer vielseitigen Natur hat die Stadt wirklich etwas zu bieten. Als Ausgangspunkt für Radtouren ist es mit der S-Bahn von Hamburgs Hauptbahnhof in wenig mehr als 20 Minuten zu erreichen. Die wenigsten Besucher und manche Ortsansässige wissen vielleicht nicht, daß Ahrensburgs Ursprung im Dorf Woldenhorn lag, das bis zur Reformation zum Kloster in Reinfeld gehörte. Im 14.Jh. unterstanden den Mönchen nicht nur Woldenhorn, sondern auch die Wallanlagen der Vogtei Ahrensfelde. Beides wurde im 16. Jahrhundert vom dänischen Feldherrn Daniel Rantzau erworben. Dessen Bruder Peter war der glückliche Erbe, der ab 1595 den Kern des heutigen Ahrensburg schuf. Als Amtmann in Flensburg hatte Peter Rantzau Gefallen an dem Schloß Glücksburg bei Flensburg gefunden. Für ihn stand fest: „sein" Schloß, das er bei Woldenhorn bauen wollte, sollte ebenso aussehen. Mit diesem Auftrag ging der Architekt an die Arbeit. Er erfüllte ihn so gut, daß hier und da gemeint wird, Ahrensburgs Schloß sei noch „eleganter" als Glücksburg.

Aber das ist selbstverständlich Ansichtssache. In jedem Fall ließ Rantzau sein **Schloß** in der Nähe von Woldenhorn errichten, das bei der Gelegenheit gleich eine Kirche erhielt. So muß es um 1595 hier eine ausgedehnte emsige Baustelle gegeben haben, denn zur Kirche entstanden auch die „Gottesbuden" als Obdach für Arme, Reihenhäuser aus Backstein, die immerhin 24 Familien Aufenthalt boten. Aber die Geschichte steht nicht still. Denn nach 150 Jahren waren die Rantzaus dankbar, als sie für Schloß und Umgebung einen gut betuchten Käufer fanden, den Kaufmann Heinrich Carl Schimmelmann. Der kam aus dem pommerschen Demmin, war ein geschickter Handelsmann, der Kriege benützte, um an seinen Lieferungen zu verdienen und ein erhebliches Vermögen anzusammeln. Zuerst als preußischer Geheimer Rat, aber 1761 auch als dänischer Schatzmeister gewann er zugleich politischen Einfluß. Das bedeutete viel Geld! Was ihm noch fehlte, war ein Schloß. Das kaufte er 1759 mit Ahrensburg (dazu kamen im Lauf der Zeit noch sechs Herrenhäuser). Er baute mit seinen erheblichen Mitteln das Schloß kostbar aus und umgab es mit etwa 40 Gebäuden, aus denen später die Stadt Ahrensburg wuchs. Vom Schloß getrennt, ein wenig abseits, entstand Ende des 16.Jahrhunderts die **Kirche**. Allerdings wurde ihr Turm erst im 18. Jahrhundert hinzugefügt. Bis heute gelten gegenüber dem Prunk des Schloßes die seitlich der Kirche stehenden „Gottesbuden" als soziale Leistung jener Zeit. Die „Herrschaft" tat etwas, um Armen und Kranken Schutz zu bieten. Der Bauherr Peter Rantzau sollte in der Kirche mit einem Grabmal geehrt werden, aber es wurde 1713 durch schwedische Soldaten zerstört. Ahrensburg hat seit den Zeiten Schimmelmanns sein Gesicht erheblich verändert - mehr als 200 Jahre sind schließlich vergangen. Aber der Blick vom Revier um Schloß und Kirche auf die Stadt, wird noch heute durch die auf Schimmelmann zurückgehende Achse der Großen Straße mit dem Marktplatz und den Grünflächen mit ihren Querwegen bestimmt. Wer das heutige Ahrensburg erlebt, kann tatsächlich zwischen 10.000 und 12.000 Jahre bis in die ältere Steinzeit zurückdenken. Ein Kenner der Vorzeit hat festgestellt: „Wie kaum ein anderer Ort in Mittel- und Nordeuropa ist Ahrensburg reich an **Fundstellen** der ausgehenden älteren **Steinzeit**..." Damals waren hier, wo wir mit dem Rad durch Wälder und Felder rollen, die Rentierjäger - heute auf Lappland beschränkt - unterwegs. Seit einem halben Jahrhundert hat man am Hof Stellmoor durch tiefe Ausgrabungen die Zeugnisse früher Vorzeit wie Messer, Beile, Pfeilspitzen wieder ans Tageslicht gebracht.

**18**

# Wo die alte Ahrensburg vor 700 Jahren entstand

Badeparadies Bredenbeker Teich am Wege

## Toureninfos

km 24 km

START Bahnhof Ahrensburg

Teer- und Schotterstrecken wechseln ab. Größere Steigungen sind nicht zu befürchten. Wir stoßen - um falsche Erwartungen zu dämpfen - auf keine Burg mit Zinnen, sondern auf urige Erdwälle, von hohen Bäumen besetzt, die Kindern gern zum Spielen dienen.

Viele Möglichkeiten in Ahrensburg. Ahrensfelde: „Ahrensfelder Hof" mit Kaffeegarten, „Peerstall" mit Terrasse.

Strandbad Bredenbeker Teich. In Ahrensburg: Badelandschaft „Badlantic"

Ahrensburg - Schloßmuseum, Di - So 10 - 12.30 + 13.30 - 17. Mo geschlossen. Im Winter nachmittags nur bis Einbruch der Dämmerung.

Stadtverwaltung, Rathausplatz 1, 22 926 Ahrensburg, Tel. 04102 / 77 231, Fax 77 232.

Am Schloß kommt in Ahrensburg wohl niemand vorbei. Auch wir orientieren uns vom S-Bahnhof nach Norden und lassen uns von der Bahnhofstraße und der Hagen-Allee Nord mit der Großen Straße zunächst zur Schloßkirche und mit der Lübecker Straße zum Schloß führen. Hier können wir uns ohne den sonst unbequemen Straßenverkehr erst einmal umschauen - ob mit oder ohne das Museumsinnere zu besichtigen. Wenn wir es eilig haben, halten wir uns an der Lübekker Straße (B 75), deren Radweg uns für die ersten 2 km nützlich ist. Dann müssen wir aufpassen, daß wir am Gartencenter von Piet Bakker links in den Kremerbergweg zu stilleren Verkehrsgefilden abzweigen. Wer freilich den von Abgasen begleiteten Radweg der B 75 scheut, der kann von der Altenwohnanlage Rosenhof an der B 75 über die Wohnsiedlung Gartenholz und den Alten Postweg im „Hinterland" radeln, um gegenüber von Bakker die B 75 (vorsichtig!) zu überqueren. Diese Fahrt kostet etwas mehr Zeit, weist aber bessere Luft auf. Mit dem Kremerbergweg radeln wir an den Gewächshäusern und gärtnerischen Anlagen von Bakker entlang, bis uns, vorbei an einigen älteren Bauernhäusern, die Teerstraße in die freie Landschaft führt. Mit einem Redder rollen wir durch die ersten Felder. Nach 1,5 km biegen wir an der Querstraße links durch ein versetztes Holzgatter.

Über Steenhoop radeln wir an der Gabelung links über die Au (sie fließt auch durch Ahrensburg) und durch den Ortsteil Bünningstedt von Ammersbek mit seinen hübschen Grundstücken. Auf der Quer-

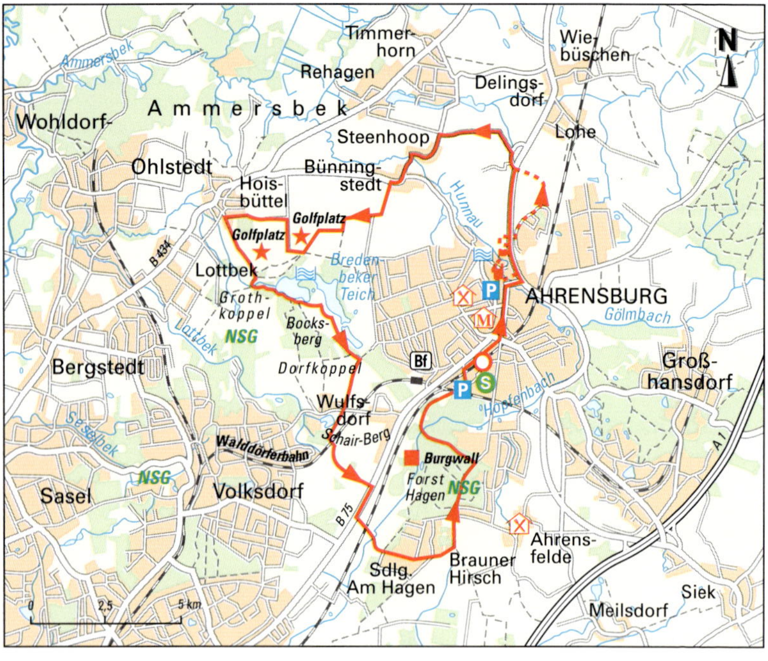

Beim einstigen Dorf Woldenhorn baute Daniel Rantzau um 1595 Schloß Ahrensburg

straße ein kurzes Stück rechts und anschließend links. An der Gabelung können wir nach Belieben rechts oder links fahren, denn beide Wege führen am Golfplatz entlang. Wenn wir dem etwas holprigen Feldweg in südlicher Richtung folgen, blicken wir immer wieder auf die hübschen Baumgruppen, die sich mit dem Golfplatz verbinden. Am Querweg rechts und weiter vom Golfplatz begleitet. Auf dem Schotterweg erreichen wir den links im Gehölz liegenden Campingplatz. Wenn der Golfplatz endet (jetzt rechts), überqueren wir die Kreuzung und erblicken links eine Fortsetzung des Golfgeländes. Rechts geht es geradlinig durch einen Redder. Ein moderner Hof mit Silo zeigt uns eine Gabelung an, der wir nach links folgen. Mit leichtem Anstieg und Gefälle radeln wir am Hang des Schübergs entlang, der mit seiner Bewaldung unter Naturschutz steht. Mit der Querstraße sind wir nahe Hoisbüttel und folgen ihr nach links. Das links liegende „Haus am Schüberg" dient kirchlichen Tagungen.

Tip

Der bald folgende **Biolandhof** hat Gemüse, Obst, Eier und Kartoffeln anzubieten - je nach Jahreszeit. Dabei endet Ammersbek, dessen Ortsteil Hoisbüttel ist.

An der Wegkreuzung geht es links zum Schevenbarg (Anstieg!) und nach 600 m auf dem Querweg rechts zum schönen Clubhaus der Golfer für Mitglieder. Der zugehörige Parkplatz weist eine eigene Parkgelegenheit für Golfer mit Hunden auf. Der Abstecher (zurück abwärts) kostet uns reichlich 1,5 km. Wer auf ihn verzichtet, hält sich an der Kreuzung geradeaus mit Redder und Fuß-Radweg. Jetzt erblicken wir rechts eine Reithalle mit Stallungen und Koppeln, auf denen Pferde ihren Auslauf haben. Der Querweg, auf den wir stoßen, führt uns mit einer Schotterstraße nach links.

**Info**

Der **Bredenbeker Teich**, dem wir nach 400 m nahe sind, ist mit einem Strandbad und Camping verbunden. Der Name stammt vom Bach Bredenbek, der den Teich bildet und durchzieht. Der knapp 2 km lange Teich diente ursprünglich einem Kloster als Karpfenteich für die fleischlose Fastenzeit. Das Bad im idyllisch gelegenen Teich ist durchaus zu empfehlen. Allerdings sind wir mit einem Hund hier nicht willkommen.

Wenn wir an der Weggabelung vor dem Teich nicht zum Strandbad fahren, halten wir uns rechts, wobei uns über nahezu 2 km der Blick auf den See begleitet. Rechts unserer Strecke liegt das nicht ganz taufrische Landhaus als Altersheim Bredenbek - einsam, aber naturschön gelegen. Bei unserer Fahrt entlang dem Seeufer achten wir auf eine Gabelung, an der links der schmale Radweg bis zur südöstlichen Teichspitze führt. Ebenso können wir aber auch mit einigem Abstand vom Gewässer auf einem von Fichten begleiteten Weg und durch die Laubbäume eines Reddders fahren. Das Haus zwischen unserer Fahrstrecke und dem Teich zur Linken der Straße Am Bocksberg ist nicht zugänglich. Es handelt sich um das von Blinden bewohnte „Lindenheim". Sobald bei einem Transformatorenmast freies Feld beginnt, folgen wir dem Sahlmannweg nach links. Am Wulfsdorfer Weg begegnen sich der seenahe Radweg und die (auch von Autos benützte) seefernere Straße. Hier blicken wir auf das Teichende. Das einzelne Haus fällt durch sein Taubenhaus auf.

Wenn das folgende Waldstück hinter uns liegt, folgen wir dem Wulfsdorfer Weg nach rechts und im Linksbogen an einer Kleingartenkolonie vorbei. Der breite Schotterweg durch freies Feld ist von stattlichen alten Bäumen gesäumt. Wir stoßen auf die Kreuzung mit dem Bornkampsweg. Hier befinden sich eine Gärtnerei und die Bundesforschungsstelle für Fischerei. Bei der Weiterfahrt folgt in Wulfsdorf eine weitere Bundesforschungsstelle: für gartenbauliche

Pflanzenzüchtung. Vorbei an einer Feuerwache genießen wir die schönen Kastanienbäume am geschotterten Weg. Wer will, kann den Abzweig rechts zum „Haus der Natur" einbeziehen. Unter der Strecke der Walddörferbahn bringt uns die Unterführung zu einer Gabelung.

**Tip**

Die „Walddörferbahn" verbindet im Hamburger Verkehrsnetz als U 1 Ohlstedt über Volksdorf mit Großhansdorf. An der Strecke liegen Hoisbüttel, Buckhorn, Buchenkamp, Ahrensburg West und Ost sowie Schmalenbeck und Kiekut.

An dieser Gabelung wenden wir uns rechts und nähern uns damit mit dem schmalen Weg durchs Stellmoor, einem Redder, dem frühesten Siedlungsgebiet im Umkreis von Ahrensburg.

**Info**

Der hier durch Ausgrabungen erschlossene prähistorische Boden betrifft zwei **Epochen der Steinzeit**. Das etwa 2 km südwestlich von unserer Tour gelegene Meiendorf gab der „Meiendorfer Stufe" der prähistorischen Forschung den Namen. Sie liegt über 20.000 Jahre zurück und gehört zur älteren Steinzeit. „Nur" etwa 10.000 Jahre alt ist die „Ahrensburger Stufe", in deren Mitte der Hof Stellmooor liegt. Hier hat der Archäologieprofessor Rust Rentierknochen, Feuersteinmesser, Feuersteinbeile und andere Relikte dieser frühen Besiedlung aus der Tiefe der Erde geholt. Durch den heute hier fließenden Hopfenbach hat sich einst ein sogenanntes Tunneltal gebildet, in dem das alte Bachbett mit Erde bedeckt wurde, unter der die Zeugnisse steinzeitlichen Lebens verborgen sind - sicher noch mehr, als bis heute entdeckt werden konnte. Dieses Wissen muß uns genügen. Wir werden beim Hindurchradeln nichts davon bemerken. Das Tunneltal hat sich durch Schmelzwasser unter den Eismassen der letzten Eiszeit gebildet und steht seit 1978 unter Naturschutz.

Wir fahren vorbei an den neuen Bauten des Instituts für angewandte Botanik der Universität Hamburg mit dem Versuchsfeld Wulfsdorf. Jetzt stoßen wir auf die B 75, an der wir uns mit dem Fuß-Radweg nach links halten. Die Gaststättenschilder leiten uns nach links („Brauner Hirsch"). Dabei passieren wir den links gelegenen Hof Stellmoor mit seiner Reithalle. Über den beschrankten Bahnübergang und anschließend den Hopfenbach, dem seine Bedeutung in der Vorzeit nicht anzusehen ist. Durch Felder radeln wir auf den Ortsteil Am Hagen zu. Den Abzweig an der Kreuzung rechts zur Friedrich-Ebert-Stiftung lassen wir unberücksichtigt und fahren zur quer laufenden Hagener Allee, hinter der wir dem Redder folgen. Wir nähern uns Ahrensfelde und können von der Kreuzung rechts einen Abstecher dorthin mit Gaststätten und Reitställen machen. Mit dem Spechtweg erreichen wir links die Hagener Allee, die zum Waldgebiet Hagen führt.

**Info**

In diesem Waldgebiet befand sich die **Burg**, die den Ursprung von Ahrensburg darstellte. Oberhalb des erwähnten Tunneltals und vom Wasser geschützt, wurde im frühen Mittelalter ein „Castellum" angelegt, eine Burg - Wälle, die dem Schutz einer Siedlung dienten. Überliefert ist darüber nichts. Erst aus dem 13. Jahrhundert erfahren wir, daß im Rahmen der Ostkolonisation der Schauenburger Grafen hier ein Vogt seinen Sitz hatte. Die inzwischen über das ganze Gelände hochgewachsenen Bäume, die ihre mächtigen Wurzeln ans Tageslicht strecken, erschweren etwas die Orientierung. Wenn wir uns hier umschauen, wird uns deutlich, daß es sich um ein Wallsystem gehandelt hat, das die Bezeichnung als „Castellum Ahrensfelde" rechtfertigte. Heute für Kinder eine prächtige Abenteuer-Spielanlage. Aber Vorsicht ist beim Klettern notwendig.

Wir erreichen die Anlage im nordwestlichen Teil des Hagen, wenn uns kein „narrensicherer" Wegweiser leitet. Am sichersten nehmen wir unseren Zugang am Waldrand mit dem Ortsbeginn und biegen links in den Burgweg und an seinem Ende in die abknickende Fortführung des Weges, „Am Rehm", der uns zu einem Parkplatz bringt. Von hier passieren wir eine Schranke und rollen in den Wald. Der folgende Querweg bringt uns mit leichtem Anstieg zum Burgwall links mit seinen stattlichen Bäumen.

Wir kehren zur Hagenallee zurück, die wir links in Richtung Ahrensburg nehmen, bis wir rechts den U-Bahnhof Ahrensburg Ost erblicken. Vor der U-Bahnstrecke biegen wir links in den Kuhlenmoorweg. An seinem Ende überqueren wir die Bahn nach rechts und radeln im Zug der Hamburger Straße rechts und mit der Bahnhofstraße zum S-Bahnhof zurück.

# Wen es in die Ferne zieht...

## Vielleicht nach Lübeck, Bremervörde, Otterndorf

Für alle, die ihre Radtour unternehmungslustig im Umkreis von Hamburg noch weiter ausdehnen wollen, als es die hier gemachten Tourenvorschläge einbeziehen, gibt es noch ein paar zusätzliche Tips. Wenigstens für das Hauptziel, jedoch ohne ausgearbeitete Route und Einzelheiten am Wege. Aber warum sollen wir uns nicht einfach mal anregen lassen, weiter als 50, 60 oder gar 80 km über Hamburg hinauszufahren?! Aller guten Vorschläge sind zehn:

**Bad Segeberg**
Entfernung 55 km/15.000 Einwohner: 91 m hoher Kalkberg mit Höhle und Freilichtbühne für sommerliche Karl-May-Spiele, Großer Segeberger See mit Promenade und nahen Badeseen, älteste romanische Backsteinkirche des Landes, Kunsthalle des Holzbildhauers Otto Flath.

**Bremervörde**
Entfernung 65 km/18.000 Einwohner: am Osteflüßchen gelegen mit freizeitlichem Vördesee. Barockkirche mit schönem Orgelprospekt. 1878 trug Wilhelm Busch in ein Gästebuch ein: „Schön ist's auf der ganzen Erde, am schönsten doch in Bremervörde".

**Lauenburg**
Entfernung 45 km/11.000 Einwohner: Elbstadt mit Schloßberg und Backstein-Fachwerk-Unterstadt am Elbufer. Älteste Schleusenanlage Europas von 1724 am einstigen Stecknitz-Kanal, heute Elbe-Lübeck-Kanal. Grenzstadt (Brücke) zu Niedersachsen mit Elbe-Seitenkanal. Elbschiffahrtsmuseum. Um 1300 turmlos (später um 1902 zugefügt) erbaute gotische Kirche. (siehe auch Tour 3!).

**Lübeck**
Entfernung 65 km (Autobahn)/240.000 Einwohner: trotz schwerer Bombenschäden weithin restaurierte Backsteinstadt mit mehreren sehenswerten Kirchen und Museen und der durch ihr Marzipan berühmten Café-Konditorei Niederegger. Von zwei alten Stadttoren am bekanntesten das Holstentor. Zierlich gestaltetes Rathaus mit durchbrochener gotischer Schaufront, sogenanntes Buddenbrookhaus mit Thomas- und Heinrich-Mann-Museum. Schönste und sehenswerteste Stadt Schleswig-Holsteins.

**Lüneburg**
Entfernung 50 km/65.000 Einwohner: im Krieg unzerstörte Backsteinstadt mit baulichen Kostbarkeiten und am Stadtrand gelegenem Kloster Lüne. Zwei imposante Kirchen des 13. und 14. Jahrhunderts sowie ein stattliches Rathaus mit großartigen Innenräumen. Bürgerhäuser als Spiegel mittelalterlichen Wohlstands. Zeugnisse alten Arbeitslebens mit Mühlen und Kran von 1346. Auch ein Schloß und mehr als eine Handvoll Museen hat das Sole- und Moorbad am Heiderand.

**Mölln**
Entfernung 55 km/17.000 Einwohner: im Rahmen der Lauenburgischen Seen (Naturpark) gelegene Eulenspiegelstadt - er starb hier 1350, Grabstein. Einer der schönsten Marktplätze Schleswig-Holsteins mit Rathaus und Eulenspiegelmuseum, sowie gotischer Nikolaikirche. Heute als Kneipp-Kurort besucht.

**Otterndorf**
Entfernung 85 km/6.200 Einwohner: nahe der Elbmündung an der Medem gelegenes Städtchen mit originellem Kranichhaus, Kirche des 13. Jahrhunderts in Marktmitte. Rathaus mit Otternbrunnen, Museum mit Dokumenten von Homer-Übersetzer Voß. Elbnaher Badesee.

**Ratzeburg**
Entfernung 68 km/12.700 Einwohner: durch seinen 1410 Hektar See und dem mittelalterlichen Dom Heinrichs des Löwen bekannte Inselstadt. Jugend- und letzte Ruhestatt Ernst Barlachs, Museum. Weiteres Museum für den satirischen Zeichner A. Paul Weber. Ruderakademie.

**Schneverdingen**
Entfernung 60 km/16800 Einwohner: beliebtes Heidestädtchen nahe dem Naturschutzpark und unweit des Wilseder Bergs mit florierendem Gewerbe. Heimathaus „Theeshof" im Landschaftsschutzgebiet Höpen mit Heidschnucken. Viel besuchtes Heidefest mit Wahl der Heidekönigin.

**Wischhafen**
Entfernung 55 km/2.000 Einwohner: Dorf und Fährort nach Glückstadt/Schleswig-Holstein an der Elbe. Im zugehörigen Dorf Hamelwörden älteste Kirche des Landes Kehdingen mit romanischem Kern. Anschluß für Rundtour von Hamburg über Glückstadt.

# Informationen von A bis Z

## Allgemeines

Das Hamburger Umland weist nicht nur die üblichen Probleme einer verkehrsreichen Millionenstadt auf, sondern ist durch die Elbe gewissermaßen halbiert. Im Norden und Osten der Elbe liegen die schleswig-holsteinischen Ziele, im Süden und Westen die niedersächsischen. Das Fehlen von Elbbrücken nördlich von Hamburg wird lediglich durch den Elbtunnel und Fährverbindungen gemildert.

Nach Südosten verbinden die Brücken von Geesthacht und Lauenburg Schleswig-Holstein mit Niedersachsen. Motorisierten Radfahrern sind die Autobahnen für die Fahrt ins Grüne zu den hier geschilderten Ausgangspunkten behilflich. Die öffentlichen Verkehrsmittel erfordern für eine Anfahrt mit den Zügen des Hamburger Verkehrsverbundes ein rechtzeitiges gründliches Studium von Linien und Fahrzeiten.

## Auskunft

Für die einzelnen Orte als Ausgangspunkte einer Radtour sind die notwendigen Angaben für jede Tour gemacht. Sie können damit rechnen, erforderliche Unterlagen kurzfristig zu erhalten. Fordern Sie dabei speziell auch die Informationen für Radfahrer an, die fast überall vorhanden sind. Großräumigeres Informationsmaterial erhalten Sie von

Tourismus-Zentrale Hamburg, Postfach 102 249, 20015 Hamburg, Tel. 040/ 30051-0, Fax 30051254

Fremdenverkehrsverband Schleswig-Holstein, Niemannsweg 31, 24105 Kiel, Tel. 0431/5600-100, Fax 569810

Fremdenverkehrsverband Nordsee- Niedersachsen-Bremen, Postfach 1820, 26008 Oldenburg, Tel. 0441/921710, Fax 9217190

Fremdenverkehrsverband Lüneburger Heide, Lüner Weg 22, 21337 Lüneburg, Tel. 04131/ 52063/4, Fax 52442

## Baden

Für eine Radtour, die mit Baden verbunden sein soll, sind einige Ziele auf Seite 12 verzeichnet. Dafür kommen insbesondere die Touren 2,3,5,6,10,17 und 18 in Frage.

## Camping

Die schönsten Campingplätze in Hamburgs Umland sind überwiegend durch Dauer-Camper mit Beschlag belegt.

Wer nur für ein Wochenende einen Stellplatz sucht, sollte sich vorher durch einen aktuellen Campingführer oder eine Nachfrage bei örtlichen Auskunftsstellen vergewissern, ob er Chancen hat. Auf gut Glück loszufahren ist nicht ratsam.

## Essen und Trinken

Vertraute norddeutsche Kost wird mit mehr oder minder großer Auswahl überall angeboten. Das gilt auch von den Biermarken. Wer eine Spitzenküche sucht, findet sie nur ausnahmsweise. Hingewiesen wird dabei auf:

*Quickborn:*
Romantik Hotel Jagdhaus Waldfrieden mit Terr. und Garten, von Tour 16 gut zu erreichen.

*Glückstadt:*
Ratskeller, mit Terr. Große Auswahl an Matjesgerichten.

*Stade:*
Alte Schleuse (Di Ruhetag)

*Wingst-Dobrock:*
Waldschlößchen Dobrok

Zu den örtlichen Spezialitäten, die man bevorzugen sollte, gehören in der Lüneburger Heide Heidschnuckengerichte und Forellen, in Glückstadt Matjes, im Alten Land und den Vierlanden Obst und Gemüse, in Appels Fischteichen (Tour 9) Fisch und am Sachsenwald Wildgerichte.

## Fahrradverleih

Wer ohne Fahrrad unterwegs ist, hat nirgends Schwierigkeiten,ein Fahrrad zu leihen. Beispielsweise erwartet im Ausflugslokal der „Seppenser Mühle" eine Galerie Fahrräder die Heide-Ausflügler. Um sicher zu gehen, empfiehlt es sich freilich doch, vor der Radtour eine örtliche Informationsstelle anzurufen.

## Kirchen

Auch wenn nur wenige in Norddeutschland unterwegs sind, um Kirchen zu besichtigen, weist unser Tourenangebot doch einige beachtliche Kirchen auf, von denen ein Teil aufs Mittelalter zurückgeht. Leider sind in der Mehrzahl der Fälle die Kirchen geschlossen, sodaß man erst den Pfarrer oder Küster motivieren muß. Reizvollist insbesondere ein Besuch der folgenden Kirchen:

*Ahrensburg:*
Schloßkirche - Ende 16. Jh.,Tour 18

*Barmstedt:*
Heil.Geist-Kirche, frühes 18.Jh., Turm roman., Tour 16

*Buxtehude:*
Petrikirche, Ende 13 Jh. Tour 10

*Glückstadt:*
Stadtkirche, 17.Jh., Tour 15

*Lauenburg:*
Maria-Magdalena-Kirche, 13./14. Jh. Tour 3

*Stade:*
St. Willehad-Kirche, 13./14.Jh., Tour 12
St. Cosmae et Damiani, Mitte 13.Jh.

*Undeloh:*
Magdelenenkirche, Kern Ende 12.Jh., Tour 6

*Winsen:*
Marienkirche, Ende 14.Jh. Tour 5

## Museen

Das bedeutendste Museumsangebot hat die Stadt Stade. Neben dem Freilichtmuseum das Heimatmuseum und das kulturhistorische Museum im Schwedenspeicher, 1979 eröffnet. Außerdem das private (originelle) Baumhaus-Museum. Buxtehude hat ein kulturgeschichtliches Heimatmuseum. In Glückstadt lohnt der Besuch des Detlefsen-Museums im Brockdorff-Palais von 1632, das die Kultur der Elbmarschen vermittelt. Mit dem Besuch von Freidrichsruh-Aumühle sollte das Bismarck-Museum verbunden sein.

## Seen und Flüsse

Hamburgs Umgebung ist mit viel Wasser verbunden, auch wenn das Meer dabei keine Rolle spielt. Neben dem beherrschenden Strom der Elbe fließen hier so reizvolle Flüsse wie Este, Luhe, Oste, Stör, Schwinge, Krückau. Demgegenüber sind Seen dünner gesät. Hervorzuheben sind der Bredenbeker Teich (Tour 18), der Tonteich bei Aumühle (Tour 2), die Appelbecker Teichs (Tour 9), der Balksee der Wingst (Tour 14) und einige Mühlteiche.

## Unterkunft

Wer seine Radtour mit einer Übernachtung verbinden will, findet ein reiches Angebot. Allerdings tut man gut daran, für das Wochenende und in den Großen Ferien auf Grund der Prospekte der in Frage kommenden Orte vorzubestellen. Beliebte Ziele für einen „Kurzurlaub" (mit entsprechender Nachfrage) sind Aumühle, Altes Land (insbesondere Jork), Wingst und Lüneburger Heide.

# Ortsregister

## A



## B



## C



## D



## E



## F



## G

## H



## I



## J



## K



## L



## M



## N



## O

# Notizen

# MIT STÖPPEL UNTERWEGS

3-924012-65-2 DM 24.80

3-924012-85-7 DM 24.80

3-924012-98-9 DM 24.80

3-89306-069-3 DM 24.80

3-924012-92-X DM 24.80

3-89306-070-7 DM 29.80

3-924012-93-8 DM 24.80

3-924012-69-5 DM 24.80

3-924012-46-6 DM 24.80

**Stöppel-Verlag · 82356 Weilheim**
**Auslieferung: GEO CENTER München**

Unsere Bücher sind über den Buchhandel erhältlich

**Weitere Titel in Vorbereitung**

# MIT STÖPPEL UNTERWEGS

3-89306-077-4 DM 24.80 | 3-89306-074-X DM 24.80 | 3-89306-099-5 DM 10.00

3-924012-73-3 DM 26.80 | 3-924012-79-2 DM 24.80 | 3-924012-63-6 DM 19.80

3-924012-89-X DM 24.80 | 3-924012-72-5 DM 24.80 | 3-89306-075-8 DM 24.80

**Stöppel-Verlag · 82356 Weilheim**
**Auslieferung: GEO CENTER München**

Unsere Bücher sind über den Buchhandel erhältlich

**Weitere Titel in Vorbereitung**

# MIT STÖPPEL UNTERWEGS

## Fernradwege

3-89306-802-3 DM 16.80

3-89306-803-1 DM 16.80

3-89306-807-4 DM 17.80

3-89306-804-X DM 16.80

3-89306-801-5 DM 16.80

3-89306-806-6 DM 16.80

3-89306-805-8 DM 17.80

3-89306-808-2 DM 16.80

**Stöppel-Verlag · 82356 Weilheim**
**Auslieferung: GEO CENTER München**

Unsere Bücher sind über den Buchhandel erhältlich

**Weitere Titel in Vorbereitung**